일본어 독해력 완성 프로그램

다락원 일한 대역문고

초급 6

일본 전래동화

日本のおとぎばなし

新井奈美 著

다락원

머리말

『다락원 일한 대역문고』 초급 시리즈는 기초가 약한 학습자들이 일본어 명문들을 즐겁고 효과적으로 읽으며 중급 수준으로 독해력을 발전시키는 것을 목표로 만들었습니다.

어느 정도 일본어의 구조를 익히고 난 초보 학습자가 가장 절실히 느끼는 어려움은 아마도 자연스런 일본어 표현능력과 어휘력의 부족일 것입니다. 초급에서 단문(短文)의 기본문형 연습만 하다가 갑자기 복문(複文), 중급 문형, 관용구 등이 속출하는 중급 교재로 건너뛰면서 학습에 흥미를 잃고 마는 것이 지금까지 일반 학습자들이 밟아온 전철이었기 때문입니다.

그런 점에서 현행 일본 초등학교 국어 교과서에 실린 명문을 비롯한 옛날이야기, 만담, 신화 등 다양한 장르의 이야기들로 구성된 『다락원 일한 대역문고』 시리즈는 쉽고 재미있게, 정확하고 자연스러운 일본어 문장을 익히는 데 좋은 길잡이가 되어 줄 것입니다.

『다락원 일한 대역문고』 시리즈는 사전 없이 편리하게 학습할 수 있도록, 어휘 풀이는 물론 주요 문형에 대한 자세한 해설과 예문을 함께 실었습니다. 본문의 대역은 어휘의 정확한 뜻 전달을 위해 의역(意譯)보다는 직역(直譯)에 가깝도록 했고, 원어민의 정확한 발음으로 녹음된 오디오로 듣기 능력 향상까지 함께 기대할 수 있습니다. 『다락원 일한 대역문고』 시리즈로 일본어를 읽고 듣는 재미를 느껴 보시기 바랍니다.

여러분의 일본어 학습에 도움이 되기를 바랍니다.

다락원 일한 대역문고 연구회

『다락원 일한 대역문고』 이렇게 보세요

不思議に思ったおばあさんが箱の中をのぞいてみると、そこには小さい子犬がいました。子犬はお腹が空いているようで、おばあさんの指をぺろぺろなめました。

「かわいそうに、うちに連れて行ってやろう。」

おばあさんが家に帰って、子犬にえさをやっているとおじいさんが畑から帰ってきました。

「おや、かわいい子犬だ、うちで飼いましょう。」

おじいさんは子犬にポチと名前を付けました。

이상하게 여긴 할머니가 상자 안을 보니 거기에는 작은 강아지가 있었습니다. 강아지는 배가 고픈 듯 할머니의 손가락을 할짝할짝 핥았습니다.

"가엾게도, 집에 데려가야지."

할머니가 집으로 돌아와 강아지에게 먹이를 주고 있는데 할아버지가 밭에서 돌아왔습니다.

"이런, 귀여운 강아지구먼, 집에서 기릅시다."

할아버지는 강아지에게 포치라고 이름을 붙였습니다.

1 ～てみる ～어 보다

시험 삼아 어떤 동작을 해 보는 것을 나타낸다.

おいしそうだったので、日本(にほん)のお酒(さけ)を飲(の)んでみました。

30 31

어휘 설명

자세한 해설과 함께, 히라가나로 실린 단어 중 한자를 알아두면 좋은 어휘에는 한자 표기를 병기했습니다.
사진 자료는 어휘 해설에 대한 빠르고 정확한 이해를 도와줍니다.

문형 해설

주요 문형의 뜻풀이와 접속을 예문과 함께 알기 쉽게 정리했습니다.

일러두기

일본어의 한국어 표기는 다음과 같습니다.
장음은 단음으로 표기했습니다. 예 大阪 — 오사카
발음 표기는 로마자 표기의 발음에 따랐습니다. 예 つかう (tsukau) — 츠카우
촉음은 'ㅅ'으로 표기했습니다.

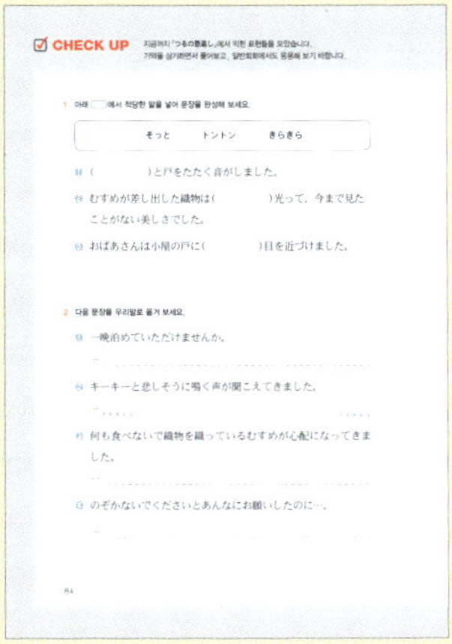

CHECK UP 지금까지 「つるの恩返し」에서 익힌 표현들을 모았습니다. 기억을 상기하면서 풀어보고, 일반회화에서도 응용해 보기 바랍니다.

1 아래 ☐에서 적당한 말을 넣어 문장을 완성해 보세요.

そっと　トントン　きらきら

01 (　　　)と戸をたたく音がしました。

02 むすめが差し出した織物は(　　　)光って、今まで見たことがない美しさでした。

03 おばあさんは小屋の戸に(　　　)目を近づけました。

2 다음 문장을 우리말로 옮겨 보세요.

01 一晩泊めていただけませんか。

02 キーキーと悲しそうに鳴く声が聞こえてきました。

03 何も食べないで織物を織っているむすめが心配になってきました。

04 のぞかないでくださいとあんなにお願いしたのに…。

84

CHECK UP

내용 이해와 더불어 중요 문형에 대한 학습이 깊어집니다.

오디오 CD

원어민 성우의 정확한 내레이션으로 듣는 즐거움도 쌓으세요.

문형 접속 해설에 쓰인 활용형의 설명은 다음과 같습니다.

ます형(연용형) — ます가 붙기 이전의 형태
ない형 — ない가 붙기 이전의 형태
て형・た형 — 각각 て・た가 붙은 형태
な형용사な・명사の — な형용사 어간에 な가 붙은 형태, 명사에 の가 붙은 형태
동사・い형용사・な형용사의 기본형 — 동사・い형용사는 사전에 실려 있는 형태, な형용사는 어간에 だ가 붙은 형태
보통형 — 기본형, 부정형, 과거형, 과거부정형

목차

일본 전래동화

日本のおとぎばなし

わらしべ長者(ちょうじゃ)

昔々(むかしむかし)、ある所(ところ)に貧(まず)しいですが、心(こころ)の優(やさ)しい若者(わかもの)がいました。若者は毎日(まいにち)、「どうかいいことがありますように[1]。」と観音様(かんのんさま)にお願(ねが)いをしました。

するとある日(ひ)の夜(よる)、若者の夢(ゆめ)に観音様が出(で)てきて言(い)いました。

- わらしべ 볏짚
- 長者(ちょうじゃ) 부자
- 昔々(むかしむかし) 옛날 옛적에 〈昔의 힘줌말〉
- ある 어느
- 所(ところ) 곳, 장소
- 貧(まず)しい 가난하다
- 〜が 〜(이)지만 =〜けど
- 心(こころ) 마음
- 優(やさ)しい (마음씨가) 곱다, 친절하다
- 若者(わかもの) 젊은이, 젊은 사람
- 毎日(まいにち) 매일
- どうか 부디
- 観音様(かんのんさま) 관음보살, 관세음보살
- お願(ねが)いをする 부탁하다
- すると 그러자
- 夜(よる) 밤 ↔ 朝(あさ) 아침
- 夢(ゆめ) 꿈
- 出(で)る 나오다, 나가다, 나서다

옛날 옛적 어느 곳에 가난하지만 마음씨 고운 젊은이가 있었습니다. 젊은이는 매일 "부디 좋은 일이 생기도록 도와주세요."라고 관음보살님께 빌었습니다.

그러자 어느 날 밤, 젊은이의 꿈에 관음보살님이 나와서 말했습니다.

1 **~ように ~도록** [동사 기본형 · 부정형+ように]
자신의 희망이나 기원이 이루어지도록 빌 때 쓰는 표현이다. ~ように로 문장이 끝날 경우에는 ~ますように의 형태가 많이 쓰인다.

東京大学(とうきょうだいがく)に合格(ごうかく)できますように。
도쿄대학에 합격할 수 있도록 (해주세요).

「あした、最初につかんだ物を大切にしなさい[2]。きっといいことがあるでしょう。」

次の日、外に出た若者は小石につまずいて転んでしまいました[3]。そして、立ち上がってみると知らない間に一本*のわらしべをつかんでいました。

「これが、観音様がおっしゃったことか。よし、このわらしべを大切にしよう。」

若者はわらしべを持って歩き始めました[4]。するとアブが飛んできて、顔の周りをブンブンと飛び回りました。

- 最初(さいしょ) 맨 처음
- つかむ 움켜쥐다, 잡다, 손에 넣다
- 物(もの) 것, 물건
- 大切(たいせつ)にする 소중히 하다, 중요하게 여기다
- きっと 반드시, 틀림없이
- 次(つぎ) 다음
- 小石(こいし) 작은 돌
- つまずく 발이 무언가에 걸려(차여) 비틀거리다
- 転(ころ)ぶ 구르다, 넘어지다
- 立(た)ち上(あ)がる 일어서다
- ～間(あいだ)に ~사이에, ~동안에
- ～本(ほん・ぽん・ぼん) ~자루, ~개, ~편 〈가늘고 긴 것을 셀 때 쓰는 조수사〉
- おっしゃる 말씀하시다 〈言う의 존경어〉
- よし 좋아 〈결정이나 결심 등을 나타낼 때 내는 소리〉
- 持(も)つ 들다, 잡다, 갖다
- 歩(ある)き始(はじ)める 걷기 시작하다
- アブ 등에
- 飛(と)ぶ 날다
- 周(まわ)り 부근, 주변, 근처
- ブンブン 붕붕, 윙윙, 뱅뱅
- 飛(と)び回(まわ)る 날아돌아다니다

"내일 제일 처음으로 손에 넣은 것을 소중히 하여라. 반드시 좋은 일이 있을 것이다."

다음날, 밖으로 나온 젊은이는 작은 돌에 걸려 넘어지고 말았습니다. 그리고 일어서 보니 모르는 사이에 볏싶 한 가닥을 쥐고 있었습니다.

"이것이 관음보살님이 말씀하셨던 것인가. 좋아, 이 볏짚을 소중히 해야지."

젊은이는 볏짚을 쥐고 걷기 시작했습니다. 그러자 등에가 날아와 얼굴 주위를 붕붕거리며 날아다녔습니다.

2 ～なさい ～거라, ～세요 [동사 ます형+なさい]

가볍게 쓰는 명령 표현으로, 주로 손아랫사람에게 쓴다.

あしたは5時(ごじ)に起(お)きなさい。 내일은 5시에 일어나거라.

3 ～てしまう 다 ~ 하다, ~어 버리다, ~고 말다 [동사 て형+しまう]

동작의 완료나, 유감 · 후회 등의 감정을 나타낼 때 쓴다.

もう遅(おそ)いので、友(とも)だちはみんな家(うち)へ帰(かえ)ってしまった。
너무 늦어서 친구들은 모두 집으로 돌아가 버렸다.

4 ～始める ～기 시작하다 [동사 ます형+始める]

동작이나 작용 등의 개시를 나타낸다.

友だちは最近(さいきん)日本語(にほんご)の勉強(べんきょう)をし始(はじ)めました。 친구는 최근 일본어 공부를 하기 시작했습니다.

★ 三本(さんぼん) 六本(ろっぽん) 八本(はっぽん) 十本(じゅっぽん) 何本(なんぼん)

何度(なんど)はらっても、アブはなかなかはなれません。怒(おこ)った若者はアブをつかまえて、わらしべに結(むす)び、また歩き始めました。

しばらく歩くと、お母(かあ)さんに連(つ)れられた男(おとこ)の子(こ)に会(あ)いました。

「あれがほしい、あれがほしい。」

男の子はアブをほしがって泣(な)き出(だ)してしまいました。

「観音様にいただいた大切な物だけど、あんなにほしがっているのだから…。」

優しい若者は、アブを結んだわらしべを男の子にあげました。

- 何度(なんど) 몇 번
- はらう 털어내다
- はなれる(離れる) 떨어지다, 떠나다, 멀어지다
- 怒(おこ)る 화내다, 성내다
- つかまえる 붙잡다, 붙들다
- 結(むす)ぶ 묶다, 매다
- また 또, 다시, 또다시
- しばらく 당분간
- 歩(ある)く 걷다
- 連(つ)れる 데리다, 데려가(오)다, 동반하다
- 会(あ)う 만나다 〈조사 に를 취함〉
- ほしい (갖고, 먹고, 사고 등등) 싶다
- ほしがる 탐내다, 갖고 싶어 하다
- 泣(な)き出(だ)す 울기 시작하다
- いただく 받다 〈もらう의 겸양어〉
- あげる (내가 남에게, 남이 남에게) 주다

몇 번이나 쫓아도 등에는 좀처럼 날아가지 않습니다. 화가 난 젊은이는 등에를 붙잡아 볏짚에 묶고, 또 걷기 시작했습니다.

얼마를 걷자, 어머니와 함께 오는 남자 아이를 만났습니다.

"저걸 갖고 싶어, 저걸 갖고 싶어."

남자 아이는 등에가 갖고 싶어 울기 시작하고 말았습니다.

"관음보살님께 받은 소중한 것이지만, 저렇게 갖고 싶어 하니까…."

마음씨 고운 젊은이는 등에를 묶은 볏짚을 남자 아이에게 주었습니다.

5 なかなか~ない 좀처럼(여간해서) ~(하)지 않다

[なかなか+동사 ない형+ない]

어떤 일이 순조롭게 이루어지지 않는 것을 나타낸다.

何度(なんど)も呼(よ)んでも、彼女(かのじょ)はなかなか来(こ)なかった。

몇 번이나 불렀는데도 그녀는 좀처럼 오지 않았다

男の子が泣(な)き止(や)んだので、喜(よろこ)んだお母さんはお礼(れい)を言(い)いました。

「どうもありがとうございました。これはわらしべをいただいたお礼です。」

男の子のお母さんはみかんを三(みっ)つくれました。

「わらしべがみかんになったぞ[6]。よかった、よかった。」

若者はとても喜びました。そして、みかんを持ってまた歩き始めました。

しばらく歩くと、道(みち)の真(ま)ん中(なか)に人(ひと)がたくさん集(あつ)まってさわいでいました。「何(なに)かあったのかな。」気(き)になった若者がかけよってみると、きれいな女(おんな)の人(ひと)がうずくまっていました。

- 泣(な)き止(や)む　울음을 그치다
- 喜(よろこ)ぶ　기뻐하다, 좋아하다
- (お)礼(れい)を言(い)う　감사 인사를 하다 〈お礼 사례, 사례 인사〉
- みかん　귤
- くれる　(말하는 사람 또는 말하는 이와 심정적으로 가까운 사람에게 남이) 주다
- ～ぞ　~구나 〈단정을 나타냄〉
- よかった　잘됐다, 다행이다
- 道(みち)　길
- 真(ま)ん中(なか)　한가운데, 한복판
- 集(あつ)まる　모이다, 모여들다, 집합하다
- さわぐ(騒ぐ)　떠들다, 떠들썩거리다
- ～かな　~가?, ~까?
- 気(き)になる　걱정이 되다, 마음에 걸리다
- かけよる　달려서 다가서다, 달려가(오)다
- うずくまる　웅크리다, 웅크리고 앉다

남자 아이가 울음을 그쳤기 때문에 어머니가 기뻐하여 감사 인사를 했습니다.

"정말 감사합니다. 이건 볏짚을 주신 답례입니다."

남자 아이의 어머니는 귤을 세 개 주었습니다.

"볏짚이 귤이 되었어. 잘 됐다, 잘 됐다."

젊은이는 매우 기뻐했습니다. 그리고 귤을 들고 다시 걷기 시작했습니다.

얼마를 걷자 길 한가운데에 많은 사람이 모여 웅성거리고 있었습니다. '무슨 일이지?' 걱정이 된 젊은이가 달려가 보니 아름다운 여자가 웅크리고 있었습니다.

---

6 ~なる ~이(가) 되다, ~어 지다

[동사 기본형+ようになる, い형용사 어간+くなる, な형용사 어간 · 명사+になる]
상태 변화를 나타낸다.

春(はる)になって暖(あたた)かくなりました。 봄이 되어 따뜻해졌습니다.

「どなたか、水(みず)をください。」

女の人はのどがかわいてしまって、苦(くる)しんでいるようでした[7]。若者は水はありませんでしたが、女の人を助(たす)けたい一心(いっしん)でみかんをあげました。

みかんを食(た)べると女の人はすっかり元気(げんき)になって、若者にお礼を言いました。

「おかげさまで元気になりました。これは助(たす)けていただいたお礼です。」

女の人は感謝(かんしゃ)してきれいな反物(たんもの)をくれました。

「みかんが反物になったぞ。よかった、よかった。」

- どなた　누구 〈だれ의 존경어〉
- 〜か　〜지, 〜가
- 水(みず)　물
- のど(喉)　목
- かわく　마르다
- 苦(くる)しむ　괴로워하다, 고생하다
- 助(たす)ける　구조하다, 살리다, 돕다
- 一心(いっしん)　일심, 한마음
- すっかり　완전히, 아주, 몽땅
- 元気(げんき)だ　건강하다, 활발하다
- おかげ(さま)　덕분, 덕택
- 感謝(かんしゃ)する　감사하다
- 反物(たんもの)　일본 기모노용의 옷감

"누군가 물을 주세요."

여자는 목이 말라 괴로운 것 같았습니다. 젊은이는 물은 없었습니다만 여자를 돕고 싶은 한가지 마음으로 귤을 주었습니다.

귤을 먹자 여자는 완전히 원기를 회복하여 젊은이에게 감사 인사를 했습니다.

"당신 덕분에 기운을 찾았습니다. 이것은 도와주신 답례입니다."

여자는 감사하며 아름다운 옷감을 주었습니다.

"귤이 옷감이 되었어. 잘 됐다, 잘 됐다."

---

7 **〜ようだ ~(인) 것 같다** [동사 · い형용사 보통형, な형용사な, 명사の + ようだ]
정보를 근거로 해 추량한 판단을 나타낸다.

昨日(きのう)の夜(よる)に雨(あめ)が降(ふ)ったようだ。
(땅이 젖어 있는 것을 보고) 어제 밤에 비가 내린 것 같다.

若者はうれしい気持ちでまた歩き始めました。しばらく歩くと、前の方から大きい馬に乗った殿様がやって来ました。

若者が「りっぱな馬だな。」と思っていると、急に馬がばたりと倒れて死んでしまいました。

「かわいそうな馬だな。よし、私が埋めてやろう[8]。」

優しい若者は反物と馬を取り替えました。死んだ馬が反物になったので殿様は喜んで、帰っていきました。

若者は死んだ馬の頭をなでてやりました。すると、不思議なことにさっきまで動かなかった馬が目をぱちぱちさせながら[9]立ち上がりました。

- うれしい(嬉しい) 기쁘다
- 気持(きも)ち 기분, 감정, 심정, 마음
- 馬(うま)に乗(の)る 말을 타다
- 殿様(とのさま) 군주님 〈殿의 존경어〉
- やって来(く)る 오다, 찾아오다, 다가오다
- 急(きゅう)に 갑자기, 돌연히
- ばたりと 무거운 물체가 넘어지는 소리, 쿵
- 倒(たお)れる 쓰러지다, 넘어지다
- かわいそうだ 불쌍하다, 가엾다
- 埋(う)める 묻다
- 取(と)りかえる 바꾸다, 교환하다
- なでる 쓰다듬다, 어루만지다
- 不思議(ふしぎ)だ 불가사의하다, 이상하다, 희한하다
- さっきまで 아까까지, 조금 전까지
- 動(うご)く 움직이다, 행동하다
- ぱちぱち 깜박깜박

젊은이는 기쁜 마음으로 또 걷기 시작했습니다. 한참을 걷자, 앞쪽에서 커다란 말을 탄 군주님이 왔습니다.

젊은이가 '멋진 말이구나.' 하고 생각하고 있을 때 갑자기 말이 쿵 하고 쓰러지더니 죽어 버렸습니다.

"불쌍한 말이구나. 그래, 내가 묻어 줘야지."

마음씨 고운 젊은이는 옷감과 말을 바꾸었습니다. 죽은 말이 옷감이 되자 군주님은 기뻐하며 돌아갔습니다.

젊은이는 죽은 말의 머리를 쓰다듬어 주었습니다. 그러자 신기하게도 조금 전까지 움직이지 않던 말이 눈을 깜박깜박거리면서 일어섰습니다.

8 **～てやる ～어 주다** [동사 て형+やる]

말하는 사람이 상대방이나 동·식물을 위해 친절한 행동을 할 때와, 말하는 사람의 결의나 의사를 나타낼 때 쓴다. 손윗사람에게는 쓰지 않는다.

妹(いもうと)の誕生日(たんじょうび)にカメラを買(か)ってやった。
여동생 생일에 카메라를 사 주었다.

9 **～ながら ～(하)면서** [동사 ます형+ながら]

두 가지 이상의 일을 동시에 하는 것을 나타낸다.

ご飯(はん)を食(た)べながら、テレビを見(み)ました。
밥을 먹으면서 텔레비전을 봤습니다.

「きっと観音様のおかげで馬が生き返ったんだろう。」

若者はうれしくなって、馬と一緒にまた歩き始めました。

少し歩くと、大きいお屋敷が見えてきました[10]。そこでは荷物を持った人が行ったり来たりして[11]、引っ越しの準備をしているようでした。

若者がちょうどお屋敷の前に来た時、りっぱな着物を着た男の人が声をかけてきました。

「私はこの屋敷の主です。今から遠くの国に引っ越しをしますが、馬がなくて困っています。私の屋敷と田んぼを全部あげますから、その馬と交換してくれませんか。」

- 生(い)き返(かえ)る　되살아나다, 회생하다
- 一緒(いっしょ)に　함께, 같이
- (お)屋敷(やしき)　저택
- 見(み)える　보이다
- 荷物(にもつ)　짐
- 引っ越(ひっこ)し　이사
- 準備(じゅんび)　준비
- ちょうど　마침, 딱
- 声(こえ)をかける　말을 걸다
- 主(あるじ)　주인
- 今(いま)から　지금부터, 이제부터
- 遠(とお)く　먼곳
- 国(くに)　지방, 지역 〈근세까지의 일본 행정 단위의 하나로 메이지 유신 이후 군현(郡県)제로 변경되었음〉
- 困(こま)る　곤란하다, 난처하다
- 田(た)んぼ　논
- 交換(こうかん)する　교환하다

"틀림없이 관세음보살님의 덕택으로 말이 되살아난 걸 거야."

젊은이는 기뻐서 말과 함께 또 걷기 시작했습니다.

조금 걷자 큰 저택이 보였습니다. 그곳에서는 짐을 든 사람들이 왔다 갔다 하며 이사 준비를 하고 있는 것 같았습니다.

젊은이가 마침 저택 앞에 이르렀을 때, 멋진 옷을 입은 남자가 말을 걸어왔습니다.

"나는 이 저택의 주인입니다. 지금부터 먼 지방으로 이사를 갑니다만, 말이 없어 곤란해 하고 있습니다. 나의 저택과 논을 전부 드릴 테니 그 말과 교환하지 않겠습니까?"

---

10 ～てくる　~(해) 오다 [동사 て형+くる]

'오다'라는 来る의 원래 뜻 이외에, ～てくる의 형태로 쓰여, 지금까지 보이지 않았던 것이 나타나거나, 또는 말하는 사람을 향해 어떤 동작이 행해져 오는 것 등을 나타낸다.

暖(あたた)かくなって庭(にわ)に雑草(ざっそう)が生(は)えてきた。
따뜻해져서 마당에 잡초가 자라났다.

11 ～たり～たりする　~거나 ~거나 하다 [동사 た형+り]

여러 가지 행동 중 대표적인 것을 예를 들어 말할 때 사용한다.

昼休(なつやす)みにご飯(はん)を食(た)べたり、友(とも)だちと話(はなし)をしたりします。점심 시간에 밥을 먹거나, 친구들과 이야기를 하거나 합니다.

貧しい若者は家(いえ)も田んぼもありませんでしたから、喜(よろこ)んで交換しました。

「観音様のおかげで一本のわらしべが大きいお屋敷と田んぼになった。ありがたい。ありがたい。」

若者は観音様に感謝をしながら、いっしょうけんめい田んぼをたがやしました。

貧しかった若者はお金持(かねも)ちになって、きれいなお嫁(よめ)さんをもらい、いつまでも幸(しあわ)せに暮(くら)しました。

- 喜(よろこ)んで　기꺼이
- ありがたい　고맙다, 감사하다
- いっしょうけんめい　열심임
- たがやす(耕す)　갈다, 경작하다
- (お)金持(かねも)ち　부자
- お嫁(よめ)さんをもらう　아내를 맞아들이다
- いつまでも　언제까지나
- 幸(しあわ)せだ　행복하다
- 暮(くら)す　살다, 생활하다

가난한 젊은이는 집도 논도 없었기 때문에 기꺼이 교환했습니다.

“관음보살님 덕분에 한 가닥의 볏짚이 큰 저택과 논이 되었어. 감사합니다. 감사합니다.”

젊은이는 관음보살님에게 감사하며 열심히 논을 경작했습니다.

가난했던 젊은이는 부자가 되어 아름다운 아내를 맞아 언제까지나 행복하게 살았습니다.

☑ CHECK UP

지금까지 「わらしべ長者」에서 익힌 표현들을 모았습니다.
기억을 상기하면서 풀어보고, 일반회화에서도 응용해 보기 바랍니다.

1 다음 ( ) 안의 것을 젊은이가 교환한 순서대로 써 넣으세요.

馬	屋敷と田んぼ	みかん	反物

アブを結んだわらしべ → ❶ (   ) →

❷ (   ) → ❸ (   ) →

❹ (   )

2 다음 보기와 같이 문장을 바꾸어 보세요.

보기 日(にち)よう日(び)は掃除(そうじ)をします。ビデオを見(み)ます。[掃除 청소]

→ 日よう日は掃除をしたり、ビデオを見たりします。

❶ 夏休(なつやす)みに日本語(にほんご)の勉強(べんきょう)をします。旅行(りょこう)に行(い)きます。

→ ....

❷ パーティーでダンスをします。お酒(さけ)を飲(の)みます。

→ ....

❸ 毎晩(まいばん)テレビをみます。本(ほん)を読(よ)みます。

→ ....

3 다음 문장을 우리말로 옮겨 보세요.

❶ 何度はらっても、アブはなかなかはなれません。

→

❷ 知らない間に一本のわらしべをつかんでいました。

→

❸ これは助けていただいたお礼です。

→

❹ りっぱな着物を着た男の人が声をかけてきました。

→

4 아래 [ ]에서 적당한 말을 넣어 문장을 완성해 보세요.

ブンブン　ぱちぱち　ばたり

❶ 馬が(　　　　)と倒れて死んでしまいました。

❷ アブが飛んできて、顔の周りを(　　　　)と飛び回りました。

❸ 馬が目を(　　　　)させながら立ち上がりました。

花さかじいさん

昔々、ある村に、心の優しいおじいさんとおばあさんがいました。二人は子どもがいませんでしたが、仲よく暮していました。

　ある日、おばあさんが川でせんたくをしていると、箱が流れてきました。

　「あれは何だろう。」

- じいさん　남자 노인을 허물없이 부르는 말, 영감
- 村(むら)　마을, 촌
- 仲(なか)よい　사이좋다
- 川(かわ)　강
- せんたくをする(洗濯をする)　빨래를 하다
- 箱(はこ)　상자
- 流(なが)れる　흐르다, 흘러가다

꽃 피우는 영감

옛날 옛적 어느 마을에 마음씨 고운 할아버지와 할머니가 있었습니다. 두 사람은 아이가 없었습니다만 사이좋게 살고 있었습니다.

어느 날, 할머니가 강에서 빨래를 하고 있는데 상자가 떠내려 왔습니다.

"저건 뭐지?"

　不思議(ふしぎ)に思(おも)ったおばあさんが箱の中(なか)をのぞいてみる[1]と、そこには小(ち)さい子犬(こいぬ)がいました。子犬はお腹(なか)が空(す)いているようで、おばあさんの指(ゆび)をぺろぺろなめました。

「かわいそうに、うちに連(つ)れて行(い)ってやろう。」

　おばあさんが家(いえ)に帰(かえ)って、子犬にえさをやっているとおじいさんが畑(はたけ)から帰ってきました。

「おや、かわいい子犬だ、うちで飼(か)いましょう。」

　おじいさんは子犬にポチと名前(なまえ)を付(つ)けました。

- 中(なか) 안, 내부, 속
- のぞく 들여다보다
- 子犬(こいぬ) 강아지
- お腹(なか)が空(す)く 배가 고프다
- 指(ゆび) 손가락
- ぺろぺろ 할짝할짝
- なめる 핥다
- えさ 먹이
- やる 〈동료나 손아랫사람, 또는 동 · 식물에게〉 주다
- 畑(はたけ) 밭
- おや 어, 아니, 이런, 저런 〈뜻밖의 일에 놀라거나 의문이 생길 때 내는 소리〉
- かわいい 귀엽다, 사랑스럽다
- 飼(か)う 기르다
- 名前(なまえ)を付(つ)ける 이름을 붙이다

이상하게 여긴 할머니가 상자 안을 보니 거기에는 작은 강아지가 있었습니다. 강아지는 배가 고픈 듯 할머니의 손가락을 할짝할짝 핥았습니다.

"가엾게도, 집에 데려가야지."

할머니가 집으로 돌아와 강아지에게 먹이를 주고 있는데 할아버지가 밭에서 돌아왔습니다.

"이런, 귀여운 강아지구먼, 집에서 기릅시다."

할아버지는 강아지에게 포치라고 이름을 붙였습니다.

---

1 **~てみる ~어 보다** [동사 て형+みる]

시험 삼아 어떤 동작을 해 보는 것을 나타낸다.

おいしそうだったので、日本(にほん)のお酒(さけ)を飲(の)んでみました。

맛있을 것 같아서 일본 술을 마셔 보았습니다.

ポチはどんどん大(おお)きくなって、重(おも)い荷物(にもつ)を運(はこ)んだり、家(いえ)を守(まも)ったりしておじいさんとおばあさんの手助(てだす)けをしました。

ある日(ひ)、おじいさんが裏山(うらやま)の畑をたがやしていると、ポチが「ここ掘(ほ)れワンワン、ここ掘れワンワン。」とほえました。

おじいさんが土(つち)を掘ってみると、きらきら光(ひか)る物(もの)が見(み)えてきました。

- どんどん 잇따르는 모양, 점점, 계속해서, 자꾸자꾸
- 重(おも)い 무겁다
- 運(はこ)ぶ 옮기다, 운반하다
- 守(まも)る 지키다, 막다, 수호하다
- 手助(てだす)けをする (남의 일을) 거들다, 돕다
- 裏山(うらやま) 뒷산
- 掘(ほ)る 파다
- ワンワン 멍멍, 컹컹
- ほえる (개, 짐승 등이) 짖다
- 土(つち) 땅, 흙
- きらきら 반짝반짝
- 光(ひか)る 빛나다, 반짝이다

포치는 쑥쑥 자라 무거운 짐을 옮기거나 집을 지키거나 해서 할아버지와 할머니를 거들었습니다.

어느 날, 할아버지가 뒷산의 밭을 갈고 있는데, 포치가 "여기 파라 멍멍, 여기 파라 멍멍." 하고 짖었습니다.

할아버지가 땅을 파 보니 반짝반짝 빛나는 것이 보였습니다.

「これは何(なん)だろう。」

もう少(すこ)し掘ってみると、土の中から大判小判(おおばんこばん)[*]がざくざくと出(で)てきました。びっくりしたおじいさんはそれを持(も)って、急(いそ)いで家(うち)に帰っておばあさんに見(み)せました。

「こんなにたくさんのお金(かね)は見たことがない[2]。おじいさん、これもポチのおかげですね。このお金を何(なに)かいいことに使(つか)いましょう。」

二人は、困(こま)っている人にお金をあげて、あまったお金で近所(きんじょ)の人(ひと)たちにごちそうをしてあげました。

- もう少(すこ)し　조금 더
- ～から　~에서, ~에서부터
- ざくざく　보석이나 금화가 많은 모양
- びっくりする　깜짝 놀라다
- 急(いそ)ぐ　서두르다
- 見(み)せる　보이다, 내보이다
- お金(かね)　돈, 금전
- 使(つか)う　쓰다, 사용하다
- 困(こま)る　(돈 등에) 어려움을 겪다, 궁하다
- あまる　남다
- 近所(きんじょ)　이웃, 이웃집
- ごちそうをする　진수성찬을 대접하다
- ～てあげる　(내가 남에게, 남이 남에게) ~해 주다, ~어 주다

"이것은 뭐지?"

조금 더 파 보자 땅속에서 엽전이 엄청나게 나왔습니다. 깜짝 놀란 할아버지는 그것을 갖고 서둘러 집으로 돌아와 할머니에게 보였습니다.

"이렇게 많은 돈은 본 적이 없어요. 영감, 이것도 포치 덕분이에요. 이 돈을 무엇인가 좋은 일에 씁시다."

두 사람은 어려운 사람에게 돈을 주고, 남은 돈으로 이웃 사람들에게 진수성찬을 대접했습니다.

---

2 **~たことがある(ない)　~적이 있다(없다)** [동사 た형+ことがある(ない)]
과거 경험의 유무를 나타낸다.

わたしは日本(にほん)へ行(い)ったことがある。 나는 일본에 간 적이 있다.
わたしは飛行機(ひこうき)に乗(の)ったことがない。 나는 비행기를 타 본 적이 없다.

★ **大判**(おおばん)
安土桃山(あづちももやま, 1568~1598) 와 江戸(えど, 1603~1867) 시대에 유통된 타원형의 큰 금화로, 열 냥이라고 쓰여는 있지만 시대에 따라 가치가 변동했다. 주로 의례나 답례품으로 많이 이용되었다.

★ **小判**(こばん)
江戸시대 금화의 하나로, 하나에 한 냥으로 통용되었다. 모두 10 종류가 발행되었다.

次の日、ポチの話を聞いて隣のよくばりなおじいさんが訪ねてきました。

自分もお金がほしいと思ったおじいさんはいやがるポチを引っ張って畑に行きました。

「さあ、大判小判はどこだ。はやく教えろ！」

ポチはおじいさんの言葉を聞いても、ほえようとしませんでした[3]。

「ここか？ ここか？ 早くほえろ！」

おじいさんはポチをたたいて、むりやりほえさせました。そして、急いで土を掘りましたが、へびや虫など役に立たない物ばかりが出てきました。

- 隣(となり) 이웃, 이웃집, 옆
- よくばりだ 욕심이 많다
- 訪(たず)ねる 방문하다
- 自分(じぶん) 자기, 자신
- いやがる(嫌がる) 싫어하다
- 引(ひ)っ張(ぱ)る 잡아 당기다, 억지로 끌고 가다
- 言葉(ことば) 말, 언어
- 早(はや)く 빨리
- たたく 때리다, 두드리다, 치다
- むりやり(に) 억지로, 강제로
- へび 뱀
- ～や ~(이)랑
- 虫(むし) 벌레
- ～など ~등, ~따위
- 役(やく)に立(た)つ 쓸모가 있다, 도움이 되다
- ～ばかり ~만, ~뿐

다음날, 포치의 이야기를 듣고 이웃의 욕심쟁이 할아버지가 찾아왔습니다.

자기도 돈을 갖고 싶은 할아버지는 싫어하는 포치를 억지로 끌고 밭으로 갔습니다.

"자, 엽전은 어디 있느냐. 빨리 알려 줘!"

포치는 할아버지의 말을 들어도 짖으려고 하지 않았습니다.

"여기야? 여기야? 빨리 짖어! "

할아버지는 포치를 때려 억지로 짖게 했습니다. 그리고 서둘러 땅을 팠습니다만, 뱀이나 벌레 등 쓸모가 없는 것만 나왔습니다.

3 ~(よ)うとする ~려고 하나 [동사 의지형+とする]

어떤 동작이나 행위를 하려고 노력하거나 시도하는 것을 나타낸다.

彼女(かのじょ)は歩(ある)こうとしたが、足(あし)が動(うご)かなかった。

그녀는 걸으려고 했지만, 다리가 움직이지 않았다.

　それで怒(おこ)ったおじいさんは、棒(ぼう)でたたいて、ポチを殺(ころ)してしまいました。

　数日後(すうじつご)、優しいおじいさんがポチを迎(むか)えにくると、よくばりなおじいさんはうそをつきました。

　「あの犬(いぬ)は病気(びょうき)で死(し)んでしまったよ。」

　優しいおじいさんは悲(かな)しみながらポチの死骸(しがい)をだいて家(うち)へ帰りました。

　そして、おばあさんと一緒(いっしょ)にポチのお墓(はか)を作(つく)って、小(ちい)さい木(き)を一本(いっぽん)植(う)えました。

- それで　그래서
- 棒(ぼう)　봉, 막대기, 몽둥이
- 殺(ころ)す　죽이다 ↔ 生(い)かす 살리다
- 数日後(すうじつご)　며칠 후
- 迎(むか)える　마중 오다, 맞이하다, 맞다
- うそをつく　거짓말을 하다
- 病気(びょうき)　병
- ～よ　~요 〈사실의 전달이나 단정 등을 나타냄〉
- 悲(かな)しむ　슬퍼하다
- 死骸(しがい)　시체, 주검
- だく　안다, 껴안다
- (お)墓(はか)　무덤
- 作(つく)る　만들다
- 木(き)　나무
- 植(う)える　심다

그래서 화가 난 할아버지는 몽둥이로 때려 포치를 죽여 버렸습니다.

며칠 후, 마음씨 고운 할아버지가 포치를 데리러 오자, 욕심쟁이 할아버지는 거짓말을 했습니다.

"그 개는 병으로 죽어 버렸네."

마음씨 고운 할아버지는 슬퍼하며 포치의 주검을 안고 집으로 돌아왔습니다.

그리고 할머니와 함께 포치의 무덤을 만들고 작은 나무를 한 그루 심었습니다.

二人がポチを思って泣(な)いていると、涙(なみだ)が木の上(うえ)に落(お)ちました。すると、木はぐんぐんのびて、あっという間(ま)に大きくりっぱな木になりました。それを見ておじいさんはいいことを思(おも)いつきました。

「この木で臼(うす)を作ろう。そして、もちをついてポチのお墓に供(そな)えてやろう。」

二人はポチの木で作った臼でもちをつき始(はじ)めました。おじいさんがポチのことを思いながら杵(きね)をふるとチャリーンという音(おと)がしました。

- 泣(な)く　울다
- 涙(なみだ)　눈물
- 落(お)ちる　떨어지다
- ぐんぐん　쭉쭉, 쑥쑥
- のびる(伸びる)　자라다, 늘다, 성장하다
- あっという間(ま)に　눈 깜짝할 사이에
- 思(おも)いつく　생각나다, 생각이 떠오르다
- 臼(うす)　절구
- もちをつく　떡을 치다

- 供(そな)える　신불이나 귀인에게 바치다
- ～こと　어떤 인물이 동작이나 심정의 대상임을 나타내는 말로 이런 경우에는 '～것'으로 해석하지 않음 〈あなたのことがすきよ 당신이 좋아〉
- 杵(きね)をふる　절굿공이를 내려치다
- チャリン　금속류가 서로 부딪치며 내는 맑은 소리, 짤랑 =ちゃらん
- 音(おと)がする　소리가 나다 〈音を立(た)てる 소리를 내다〉

두 사람이 포치를 그리며 울자 눈물이 나무 위에 떨어졌습니다. 그러자 나무는 쑥쑥 자라 눈 깜짝할 사이에 크고 멋진 나무가 되었습니다. 그것을 보고 할아버지는 좋은 일이 떠올랐습니다.

“이 나무로 절구를 만듭시다. 그리고 떡을 찧어 포치의 무덤에 바칩시다.”

두 사람은 포치의 나무로 만든 절구로 떡을 치기 시작했습니다. 할아버지가 포치를 그리며 절굿공이를 내리치자 짤랑~ 하는 소리가 났습니다.

「おじいさん、おかしな音がしますね。」

おばあさんは臼の中をのぞいてみてびっくりしました。なんと不思議(ふしぎ)なことに臼の中に大判小判があるではありませんか。

不思議に思ったおじいさんはもう一度(いちど)ペッタンともちをついてみました。するとチャリーンと音がして臼の中の大判小判は増(ふ)えました。

二人が楽(たの)しくもちつきをしていると、隣のよくばりなおばあさんがやって来(き)ました。大判小判がほしいと思ったおばあさんは、「臼を貸(か)せ。」と言って自分の家(いえ)に持(も)っていってしまいました。

- おかしな　이상한, 묘한, 우스운, 재미있는
- なんと　어쩌면, 이 얼마나 〈강한 놀람이나 감동을 나타냄〉
- ～ではありませんか　~이 아닙니까?
- もう一度(いちど)　한번 더, 다시 한번
- ペッタン　떡을 치는 소리, 철썩, 쿵덕
- 増(ふ)える　늘다, 증가하다, 불어나다
- 楽(たの)しい　즐겁다, 신나다
- 貸(か)す　빌려 주다 ↔ 借(か)りる 빌리다

"영감, 이상한 소리가 나네요."

할머니는 절구 안을 들여다보고 깜짝 놀랐습니다. 어쩜 신기하게도 절구 안에는 엽전이 들어 있는 것이 아니겠습니까?

신기하게 여긴 할아버지는 다시 한번 철썩 하고 떡을 쳐 보았습니다. 그러자 짤랑~ 하는 소리가 나며 절구 안의 엽전이 늘어났습니다.

두 사람이 즐겁게 떡을 찧고 있는데, 이웃의 욕심쟁이 할머니가 찾아왔습니다. 엽전을 갖고 싶은 할머니는 "절구를 빌려 줘."라며 자기 집으로 가져가 버렸습니다.

よくばりなおじいさんとおばあさんはすぐもちつきを始めました。大判小判がたくさんほしい二人は臼の中も見ないで、力(ちから)を入(い)れて何度(なんど)も何度ももちをつきました。

「どれどれ、大判小判を見てみよう。」

おばあさんが臼をのぞいてみると、石(いし)やごみが飛(と)び出(だ)してきました。

「なんだこれは！」

よくばりなおじいさんはかんかんに怒って、臼を燃(も)やしてしまいました。

- すぐ 곧, 즉시, 바로, 금방
- 力(ちから)を入(い)れる 힘을 주다
- どれ 어떤 동작을 시작할 때 혼잣말처럼 내는 소리, 자, 어디
- 石(いし) 돌
- ごみ 쓰레기
- 飛(と)び出(だ)す 튀어나오다, 뛰어나오다
- かんかん 몹시 화내는 모양, 노발대발, 불같이
- 燃(も)やす 불태우다 〈燃(も)える 불타다〉

욕심쟁이 할아버지와 할머니는 곧 떡을 찧기 시작했습니다. 엽전을 많이 갖고 싶은 두 사람은 절구 안도 보지 않고, 힘을 주어 몇 번이나 몇 번이나 떡을 찧었습니다.

"어디 어디, 엽전을 봐 보자."

할머니가 절구를 들여다보자 돌과 쓰레기가 튀어나왔습니다.

"뭐야 이건!"

욕심쟁이 할아버지는 노발대발하여 절구를 불태워 버렸습니다.

数日後、優しいおじいさんは隣の家(うち)にやって来て言いました。

「臼を返(かえ)してください[4]。」

「あんな役に立たない臼は燃やしてやった。ほしければ[5]、灰(はい)でも持って帰れ！」

おじいさんは悲しい気持(きも)ちになりましたが、せめてポチの思(おも)い出(で)にしようと灰をざるにかき集(あつ)めました。そして、ざるをかかえて家(うち)へととぼとぼ歩(ある)いていました。その時(とき)です。急(きゅう)に強(つよ)い風(かぜ)がふいて、灰が飛(と)び散(ち)りました。あっという間(ま)にまい上(あ)がった灰は道(みち)ばたのかれ木(き)にかかり、ぱっときれいな花(はな)をさかせました。

- 返(かえ)す　돌려주다
- 灰(はい)　재
- 悲(かな)しい　슬프다
- せめて　적어도, 최소한, 하다못해
- 思(おも)い出(で)　추억, 회상
- ざる　소쿠리
- かき集(あつ)める　그러모으다
- かかえる　안다, 껴안다
- とぼとぼ　터벅터벅
- 風(かぜ)がふく　바람이 불다
- 飛(と)び散(ち)る　흩날리다, 날아 흩어지다
- まい上(あ)がる　(너울거리듯) 날아오르다
- 道(みち)ばた　길가, 도로변
- かれ木(き)(枯れ木)　고목, 마른 나무
- かかる　걸리다, 얽히다, 튀다
- ぱっと　순식간에 일어나는 모양, 확, 훽
- 花(はな)をさかせる　꽃을 피우다 〈花がさく 꽃이 피다〉

며칠 후, 마음씨 고운 할아버지는 이웃집에 찾아와 말했습니다.

"절구를 돌려주세요."

"그런 쓸모 없는 절구는 태워 버렸어. 원하면 재라도 갖고 돌아가!"

할아버지는 마음이 슬펐지만, 하다못해 포치의 유품으로 삼으려고 재를 바구니에 그러모았습니다. 그리고 바구니를 안고 집으로 터벅터벅 걸어가고 있었습니다. 그때입니다. 갑자기 바람이 세게 불어 재가 날아 흩어졌습니다. 순식간에 날아오른 재는 길가의 고목에 내려 확 하고 아름다운 꽃을 피웠습니다.

---

4 **~てください ~해 주세요, ~해 주십시오** [동사 て형+ください]

말하는 사람이나 또는 말하는 사람 측의 사람을 위해 어떤 행위를 하도록 지시·명령·의뢰하는 표현이다.

授業中(じゅぎょうちゅう)は静(しず)かにしてください。 수업 중에는 조용히 해 주세요.

5 **~ば~ ~면**

[동사 어미의 エ단+ば, い형용사 어간+ければ, な형용사 어간·명사+なら(ば)]

조건을 나타낸다.

今の説明(せつめい)でわからなければ、他(ほか)の人(ひと)に聞(き)いてください。 지금 설명 중에서 모르는 것이 있으면 다른 사람에게 물어 보시기 바랍니다.

「これは不思議だ。」

おじいさんはかれ木に登り、灰を一つまみまいてみました。すると、またぱっと花がさきました。きれいな花を見て楽しくなったおじいさんはもっと花をさかせようと他のかれ木にも登り、

「かれ木に花をさかせましょう。」

とさけびながら次々に灰をまきました。すると辺りはみるみるきれいな花でいっぱいになって、まるで春が来たようでした[6]。

- これは 감탄하거나 놀랐을 때 하는 말, 이런, 저런
- 登(のぼ)る 오르다
- 一(ひと)つまみ 한 움큼
- まく 뿌리다
- もっと 좀 더, 그보다 더
- 他(ほか) 딴것, 그 밖
- さけぶ(叫ぶ) 외치다, 소리치다
- 辺(あた)り 주위, 근처, 부근
- みるみる 금방, 순식간에
- いっぱいになる 가득하다, 그득 차다
- 春(はる) 봄 〈夏(なつ) 여름, 秋(あき) 가을, 冬(ふゆ) 겨울〉

"정말 신기하구나."

할아버지는 고목에 올라 재를 한 움큼 뿌려 보았습니다. 그러자 또 확 하고 꽃이 피었습니다. 아름다운 꽃을 보고 즐거워진 할아버지는 좀 더 꽃을 피우려고 다른 나무에도 올라,

"고목에 꽃을 피웁시다."

하고 외치면서 계속해서 재를 뿌렸습니다. 그러자 주위는 금방 아름다운 꽃으로 가득 차 마치 봄이 온 것 같았습니다.

---

6 まるで··ようだ 마치(흡사, 꼭) ~와 같다(~인 듯하다)
[まるで+동사 보통형, 명사の+ようだ]
사물의 모양이나 상태 등을 다른 사물과 비유·예시할 때 쓴다.

赤(あか)ちゃんのほおはまるで桃(もも)のようにやわらかかった。
아기 뺨은 마치 복숭아처럼 부드러웠다.

ちょうどそこへ、殿様(とのさま)の行列(ぎょうれつ)が通(とお)りかかりました。

「これはきれいな花だ。」

殿様はたくさんの花を見てとても喜(よろこ)びました。

「こんなにきれいな花をさかせたおじいさんにごほうびをやろう。日本一(にっぽんいち)の花さかじいさんにごほうびだ。」

殿様はおじいさんにたくさんのごほうびをあげました。おじいさんはこれもポチのおかげだと思って感謝(かんしゃ)し、殿様にもらったごほうびを近所の人たちにも分(わ)けてあげました。

この話を聞いたよくばりなおじいさんは自分もごほうびがほしくなって、灰をかき集めて殿様の屋敷(やしき)に行(い)きました。

- そこ 그때, 그 장면
- 行列(ぎょうれつ) 행렬
- 通(とお)りかかる 마침 지나가다
- こんなに 이렇게
- (ご)ほうび 상, 포상
- 日本一(にっぽんいち) 일본 제일임
- 分(わ)ける 나누다

마침 그때 군주님의 행렬이 지나갔습니다.

"정말 아름다운 꽃이로구나."

군주님은 많은 꽃을 보고 매우 기뻐했습니다.

"이렇게 아름다운 꽃을 피운 영감에게 상을 내리겠노라. 일본 제일의 꽃 피우는 영감에게 상을 내리노라."

군주님은 할아버지에게 많은 상을 내렸습니다. 할아버지는 이것도 포치의 덕분이라 여겨 감사하고, 군주님에게 받은 상을 이웃 사람들에게도 나누어 주었습니다.

이 이야기를 들은 욕심쟁이 할아버지는 자신도 상이 받고 싶어져서 재를 모아 군주님의 저택으로 갔습니다.

「殿様、私が本物(ほんもの)の花さかじいさんです。今日(きょう)は日本(にほん)で一番(いちばん)きれいな花をお見せします[7]。」

「ほう、それは結構(けっこう)じゃ。きれいな花がさいたらごほうびをたくさんやろう。」

よくばりなおじいさんはかれ木に登って灰をまき始めました。

「かれ木に花をさかせましょう。」

しかし、花は全(まった)くさきませんでした[8]。

「かれ木に花をさかせましょう。かれ木に花をさかせましょう。」

花がさかないので困ったおじいさんはさっきよりたくさんの灰をまきました。

その時、急に強い風がふいてきて、おじいさんがまいた灰が殿様の目(め)に入(はい)ってしまいました。

- 本物(ほんもの) 진짜(임)
- 一番(いちばん) 제일
- 結構(けっこう)だ 훌륭하다, 좋다
- ～じゃ ~이다 〈である→であ→じゃ로 변한말〉
- ～より ~보다 〈비교를 나타냄〉
- 入(はい)る 들어가다, 들어오다

"군주님 제가 진짜 꽃 피우는 영감입니다. 오늘은 일본에서 제일 아름다운 꽃을 보여드리겠습니다."

"오호, 그거 좋구나. 아름다운 꽃이 피면 상을 많이 내리겠노라."

욕심쟁이 할아버지는 고목에 올라 재를 뿌리기 시작했습니다.

"고목에 꽃을 피웁시다."

그러나 꽃은 전혀 피지 않았습니다.

"고목에 꽃을 피웁시다. 고목에 꽃을 피웁시다."

꽃이 피지 않아 곤란해진 할아버지는 조금 전보다 많은 재를 뿌렸습니다.

그때 갑자기 센 바람이 불어와, 할아버지가 뿌린 재가 군주님의 눈에 들어가 버렸습니다.

---

7 **お~する ~(해) 드리다** [お+동사 ます형+する]

상대에 대해 경의를 나타내는 겸양표현이다.

わたしがお茶(ちゃ)をお入(い)れします。 제가 차를 타겠습니다.

8 **全く~ない 전혀 ~(하)지 않다**

[全く+동사・い형용사・な형용사・명사 ない형+ない]

부정의 의미를 강조하고 싶을 때 사용한다.

この本(ほん)は全(まった)くおもしろくない。 이 책은 전혀 재미있지 않다.

「痛(いた)い、痛い。あのじいさんのせいで[9]灰が目に入(はい)った。あのうそつきじいさんをつかまえろ！」

殿様の家来(けらい)たちはおじいさんをつかまえて、なわでしばってしまいました。

「こんなうそつきは許(ゆる)せない。うそをついたばつだ！」

よくばりなおじいさんはろうやに入(い)れられてしまいました。

- 痛(いた)い　아프다
- うそつき　거짓말쟁이
- 家来(けらい)　가신, 신하, 부하
- なわ(縄)　오랏줄, 밧줄
- しばる　묶다, 포박하다, 얽매다
- 許(ゆる)す　용서하다〈許(ゆる)せる 용서할 수 있다〉
- ばつ(罰)　벌
- ろうや　감옥

"아야, 아야. 저 영감 때문에 재가 눈에 들어갔어. 저 거짓말쟁이 영감을 붙잡아라!"
군주님의 신하들은 할아버지를 붙잡아 밧줄로 묶어 버렸습니다.
"이런 거짓말쟁이는 용서할 수 없다, 거짓말을 한 벌이다!"
욕심쟁이 할아버지는 감옥에 갇혀 버렸습니다.

9 **~せいで ~탓으로** [동사 · い형용사 보통형, な형용사な, 명사の+せいで]
나쁜 결과를 일으킨 원인이나 이유를 나타낸다.

妹(いもうと)のせいで私(わたし)は母(はは)にしかられました。
여동생 때문에 나는 엄마에게 혼났습니다.

☑ CHECK UP

지금까지 「花さかじいさん」에서 익힌 표현들을 모았습니다.
기억을 상기하면서 풀어보시고, 일반회화에서도 응용해 보시기 바랍니다.

1 아래 ( )에서 적당한 말을 넣어 문장을 완성해 보세요.

ざくざく　　ぺろぺろ　　ペッタン

❶ 子犬はお腹が空いているようで、おばあさんの指を(　　　　　)なめました。

❷ 土の中から大判小判が(　　　　　)と出てきました。

❸ おじいさんはもう一度(　　　　　)ともちをついてみました。

2 花さかじいさん의 내용과 일치하면 ○표, 일치하지 않으면 ×표 하세요.

❶ 心の優しいおじいさんは子犬にポチと名前を付けました。(　　)

❷ よくばりなおじいさんはいやがるポチを引っ張って畑に行きました。(　　)

❸ よくばりなおばあさんはポチのことを思いながら杵をふるいました。(　　)

❹ 殿様はよくばりなおじいさんにたくさんのごほうびをあげました。(　　)

3 다음 보기와 같이 문장을 바꾸어 보세요.

> 보기　犬(いぬ)をかいました。[かう 기르다]
> → 犬をかったことがある。

❶ 日本料理(にほんりょうり)を食(た)べました。

→ ______________________

❷ 私は芸能人(げいのうじん)を見(み)ました。[芸能人 연예인]

→ ______________________

❸ 5年前(ねんまえ)にアメリカに行(い)きました。

→ ______________________

4 다음 문장을 우리말로 옮겨 보세요.

❶ ポチのお墓を作って、小さい木を一本植えました。

→ ______________________

❷ 急に強い風がふいて、灰が飛び散りました。

→ ______________________

❸ 日本で一番きれいな花をお見せします。

→ ______________________

つるの恩返(おんがえ)し

昔々(むかしむかし)、山奥(やまおく)におじいさんとおばあさんが住(す)んでいました。

ある日(ひ)、おじいさんは作(つく)ったわらじを売(う)るために[1]町(まち)へ行(い)こうと山道(やまみち)を歩(ある)いていました。

「今日(きょう)も寒(さむ)くなりそうだ[2]。雪(ゆき)が降(ふ)り出(だ)す前(まえ)に急(いそ)いで町に行かなくては。」

- つる　학
- 恩返(おんがえ)し　은혜를 갚음
- 山奥(やまおく)　깊은 산속
- 住(す)む　살다
- わらじ　짚신
- 町(まち)　시내, 읍내

- 山道(やまみち)　산길
- 雪(ゆき)　눈
- 降(ふ)り出(だ)す　(비 · 눈이) 내리기 시작하다
- ～前(まえ)に　～(하)기 전에
- ～なくては(ならない)　～하지 않으면 안 된다, ～해야만 한다 〈의무를 나타냄〉

옛날 옛날 깊은 산속에 할아버지와 할머니가 살고 있었습니다.

어느 날, 할아버지는 만든 짚신을 팔기 위해 시내로 가려고 산길을 걷고 있었습니다.

"오늘도 추워질 것 같구먼. 눈이 내리기 시작하기 전에 서둘러 읍내로 가야겠어."

1 ~ために ~를 위해 [동사 기본형, 명사の+ために]

목적을 나타내는 표현으로, 「AためにB」는 'A의 목적을 위해 B를 한다'는 뜻이다.

きれいになるためにダイエットをします。 아름다워지기 위해 다이어트를 합니다.

2 ~そうだ ~것 같나 [동사 ます형, い형용사 · な형용사 어간+そうだ]

말하는 사람이 외견 상으로 판단되는 느낌을 말하고자 할 때 사용한다.

あの料理(りょうり)はおいしそうです。 저 요리는 맛있을 것 같습니다.

　おじいさんが足を速めると、どこからかバタバタという音がして、キーキーと悲しそうに鳴く声が聞こえてきました。

「何の音だろう…。」

　辺りを見回すと、少しはなれた所で、わなにかかったつるがもがいていました。つるは足から血を出しながら、悲しそうに鳴いていました。

「かわいそうに…。今すぐわなをはずしてやるからな…。」

　心の優しいおじいさんはつるを助けてやりました。

　自由になったつるはクゥークゥーとうれしそうに鳴きながら、羽をばたつかせました。

할아버지가 발걸음을 재촉하자 어디선가 푸드덕푸드덕 하는 소리가 나고 끼~ 끼~ 하고 슬픈 듯이 우는 소리가 들려왔습니다.

"무슨 소리지…?"

주변을 둘러보자 소금 떨어진 곳에서 덫에 걸린 학이 버둥거리고 있었습니다. 학은 다리에서 피를 흘리며 슬픈 듯이 울고 있었습니다.

"불쌍하게도…. 지금 곧 덫을 풀어 줄 테니까…."

마음씨 고운 할아버지는 학을 구해 주었습니다.

자유로워진 학은 쿠~ 쿠~ 하고 기쁜 듯이 울면서 날갯짓을 했습니다.

- 足(あし)を速(はや)める 빨리 걷다
- バタバタ 새의 날개 또는 사람의 손발이 바쁘게 움직이는 모양, 푸드덕푸드덕, 동동
- キーキー 높고 날카로운 소리
- 鳴(な)く (새 · 벌레 · 짐승 등이) 소리를 내다, 울다
- 声(こえ) (목)소리
- 聞(き)こえる 들리다
- 見回(みまわ)す 둘러보다
- わな 새나 짐승을 잡는 덫 〈わなにかかる 덫에 걸리다, わなをはずす 덫을 풀다〉
- もがく 허우적거리다, 바둥거리다, 발버둥치다
- 血(ち)を出(だ)す 피를 흘리다
- ～な ~테니
- 助(たす)ける 구조하다
- 自由(じゆう) 자유
- クゥークゥー 동물이 우는 소리, 쿠쿠
- 羽(はね) 날개, 깃털
- ばたつく 버둥거리다, 펄럭이다

そして、空に飛び立ち、おじいさんの頭の上を何度もくるくる回りました。その姿はまるでおじいさんにお礼を言っているようでした。

その日の夜、家に帰ったおじいさんはおばあさんにつるの話をしました。

「まぁ、おじいさん。それはいい事をしましたね。きっと、つるも喜んでいるでしょう。」

心の優しいおばあさんはおじいさんをほめてあげました。そして、いろいろな話をしているとあっという間に夜が更けてきました。二人がもうねようと思っていると、トントンと戸をたたく音がしました。

「こんな遅くに誰だろう？」

- 空(そら) 하늘
- 飛(と)び立(た)つ 날아오르다, 날아가다
- くるくる 뱅글뱅글
- 回(まわ)る 돌다
- 姿(すがた) 모습, 모양
- まあ 어머, 어머나
- ほめる 칭찬하다
- いろいろ 여러 가지, 갖가지
- 更(ふ)ける (밤·계절 등이) 깊어지다
- もう 이제, 더
- トントン 가볍게 두드리는 소리, 똑똑
- 戸(と) 문
- 遅(おそ)い 밤이 늦다, 동작이 느리다
- 誰(だれ) 누구

그리고 하늘로 날아올라 할아버지의 머리 위를 몇 번이나 뱅글뱅글 돌았습니다. 그 모습은 마치 할아버지에게 감사 인사를 하는 것 같았습니다.

그날 밤, 집에 돌아온 할아버지는 할머니에게 학 이야기를 했습니다.

"아이고, 영감, 그거 좋은 일을 했네요. 학도 틀림없이 기뻐하고 있을 거예요."

마음씨 고운 할머니는 할아버지를 칭찬해 주었습니다. 그리고, 이런저런 이야기를 하고 있자 금새 밤이 깊어졌습니다. 두 사람이 그만 자려고 하는데 똑똑 하고 문을 두드리는 소리가 났습니다.

"이런 밤 늦게 누구지?"

おじいさんは戸口(とぐち)に行ってみました。すると

「ごめんください、ごめんください。」

と人(ひと)の声がしてきます。急いで戸を開(あ)けると、きれいなむすめがふぶきの中(なか)、ふるえながら立(た)っていました。

「ふぶきで道(みち)に迷(まよ)ってしまいました。一晩(ひとばん)泊(と)めていただけませんか[3]。」

「こんなふぶきの夜にかわいそうに。さあ、中に入(はい)りなさい。」

おばあさんはむすめを囲炉裏(いろり)のある部屋(へや)に入(い)れてあげました。そして、暖(あたた)かいふとんでゆっくり休(やす)ませてあげました。

- 戸口(とぐち) (집의) 출입구, 문간
- ごめんください 실례합니다
- 開(あ)ける 열다, 펴다
- むすめ 아가씨, 처녀, 딸
- ふぶき(吹雪) 눈보라
- ふるえる(震える) (두려움 · 병 · 추위 등으로) 떨리다, 흔들리다
- 迷(まよ)う 헤매다 〈道に迷う 길을 잃다〉
- 一晩(ひとばん) 하룻밤
- 泊(と)める 묵게 하다
- 囲炉裏(いろり) 방바닥을 사각으로 잘라 내고 재를 넣어 그 재 속에 불을 묻어 취사와 난방으로 씀

- 暖(あたた)かい 따뜻하다
- ふとん 이불 〈まくら 베개〉
- ゆっくり 천천히, 느긋하게, 충분히, 여유 있게
- 休(やす)む 쉬다, 자다

할아버지는 문간으로 가 보았습니다. 그러자,

"실례합니다, 실례합니다."

하는 사람의 목소리가 들려옵니다. 서둘러 문을 열자 아름다운 아가씨가 눈보라 속에서 떨면서 서 있었습니다.

"눈보라에 길을 잃어버렸습니다. 하룻밤 묵게 해 주시지 않겠어요?"

"이렇게 눈보라 치는 밤에 불쌍하게도. 자, 안으로 들어와요."

할머니는 아가씨를 난로가 있는 방으로 들였습니다. 그리고 따뜻한 이불로 푹 자도록 해 주었습니다.

3 ~ていただけませんか ~어 주시지 않겠습니까?

[동사 て형+いただけませんか]

정중한 의뢰나 지시를 할 때 쓴다.

すみませんが、その本(ほん)を取(と)っていただけませんか。

죄송하지만, 그 책을 집어 주시지 않겠습니까?

次の日の朝、むすめはお世話になったお礼にと掃除をしたり、ご飯を作ったりして家の事を手伝いました。それを見たおじいさんとおばあさんは「なんて優しいむすめだろう。」と思って喜んでいました。

一方、外は昨日よりふぶきがひどくなっていたのでむすめは帰ることができず[4] もう一晩泊まっていくことになりました[5]。

その次の日、ふぶきはよくなりましたが、なぜかむすめは帰ろうとしません。おじいさんとおばあさんが不思議に思っていると、むすめが言いました。

- お世話(せわ)になる　신세를 지다, 폐를 끼치다
- 掃除(そうじ)　청소
- 手伝(てつだ)う　(남의 일을) 거들다, 돕다
- なんて~だろう　어쩌면 그렇게 ~(할)까
- 一方(いっぽう)　한편
- ひどい　(정도가) 심하다, 혹독하다
- 泊(と)まる　묵다, 머물다
- なぜか　왜 그런지, 웬일인지, 어쩐지

다음날 아침, 아가씨는 신세를 진 보답이라며 청소를 하거나 밥을 짓거나 해서 집안일을 도왔습니다. 그것을 본 할아버지와 할머니는 '정말 상냥한 아가씨구나.' 라고 생각하며 기뻐했습니다.

한편, 밖은 어제보다 눈보라가 심해졌기 때문에 아가씨는 돌아갈 수가 없어 하룻밤 더 묵고 가기로 했습니다.

그 다음날, 눈보라는 가라앉았습니다만 어찌된 일인지 아가씨는 돌아가려고 하지 않습니다. 할아버지와 할머니가 이상하게 여기자 아가씨가 말했습니다.

4 **～ことができる ～(할) 수가 있다** [동사 기본형+ことができる]
가능을 나타낸다. 뒤의 ～ず(に)는 '～지 않고'란 뜻으로 부정을 나타내는데, 동사의 ない형에 접속한다. 단 する는 'せず', 来る는 'こず'에 접속한다.

私(わたし)は日本語(にほんご)を読(よ)むことができます。(＝私は日本語が読めます。) 나는 일본어를 읽을 수 있습니다.

彼女(かのじょ)は何(なに)も食(た)べずに泣(な)いてばかりいる。
그녀는 아무것도 먹지 않고 울기만 하고 있다.

5 **～ことになる ～게 되다** [동사 기본형 · 부정형+ことになる]
자신의 의지와는 관계없이 외적인 상황이나 이유로 결정된 것임을 나타낸다.

父(ちち)の転勤(てんきん)でアメリカに引(ひ)っ越(こ)しすることになった。
아버지의 전근으로 미국으로 이사 가게 되었다.

「私(わたし)は、親(おや)も兄弟(きょうだい)もいません。ひとりぼっちなんです[6]。どうぞお二人の子(こ)どもにしてください。」

二人は優しくて働(はたら)き者(もの)のむすめがすっかり気(き)に入(い)っていたので喜んで自分(じぶん)たちの子どもにしました。

むすめは毎日(まいにち)掃除やせんたくなどをしておじいさんとおばあさんの手伝(てつだ)いをしてくれました。子どもがいなくてさみしい思いをしていた二人はむすめをとてもかわいがりました。

- 親(おや) 부모
- 兄弟(きょうだい) 형제 〈姉妹(しまい) 자매〉
- ひとりぼっち 외톨이
- どうぞ 부디
- 働(はたら)き者(もの) 부지런한 사람, 일꾼
- 気(き)に入(い)る 마음에 들다
- さみしい 외로워서 쓸쓸하다, 적적하다
- ～思(おも)いをする ~느낌이 들다, ~마음이 들다
- かわいがる 귀여워하다

"저는 부모도 형제도 없습니다. 외톨이입니다. 부디 두 분의 자식으로 삼아 주세요."

두 사람은 상냥하고 부지런한 아가씨가 너무나 마음에 들었기 때문에 기꺼이 자신들의 아이로 삼았습니다.

아가씨는 매일 청소와 빨래 등을 해서 할아버지와 할머니를 도와주었습니다. 아이가 없어 적적했던 두 사람은 아가씨를 매우 귀여워했습니다.

6 ～んです　～입니다, ～인 것입니다

[동사 · い형용사 · な형용사 · 명사 보통형+んです]〈단, な형용사 · 명사 기본형에 접속할 때에는 → な형용사な · 명사な+んです〉

～のです의 회화체로, 이유나 사정 등을 설명하거나, 설명을 덧붙일 때에 쓴다.

A：明日(あした)のパーティーに行(い)きますか？ 내일 파티에 갑니까?

B：いいえ、行きません。仕事(しごと)があるんです。
아니요, 안 가요. 일이 있어요.

　そしてしばらく経ったある日の夜、むすめは、

「おじいさん、おばあさん、三日の間、私は庭の小屋にいます。ですが、決してのぞかないでください[7]。どうかお願いします。」

と言って小屋に入ってしまいました。

　おじいさんとおばあさんはわけがわからず、小屋から出てこないむすめを心配しました。しかし、のぞかないと約束をしましたから、三日の間、むすめを待ちました。

- 経(た)つ　(시간 등이) 지나다, 경과하다
- 庭(にわ)　마당
- 小屋(こや)　작고 초라한 집, 오두막집
- ですが　그렇지만, 하지만
- 決(けっ)して　절대로
- わけ(訳)　까닭, 사정, 이유
- 心配(しんぱい)する　걱정하다, 근심하다
- 約束(やくそく)　약속

그리고 얼마의 시간이 흐른 어느 날 밤, 아가씨는

"할아버지 할머니, 3일간 저는 마당의 오두막에 있겠습니다. 그렇지만 절대로 들여다보지 말아 주세요. 부디 부탁드립니다."

라고 말하고는 오두막으로 들어가 버렸습니다.

할아버지와 할머니는 영문을 모르고, 오두막에서 나오지 않는 아가씨를 걱정했습니다. 그러나 엿보지 않는다고 약속을 했기 때문에 3일간 아가씨를 기다렸습니다.

---

7 ～ないでください ~지 말아 주세요, ~지 말아 주십시오

[동사 ない형+ないでください]

어떤 행위를 하지 않도록 의뢰하거나 지시할 때 쓴다.

ここに入(はい)らないでください。 여기에 들어오지 말아 주십시오.

次の日の朝、むすめは美(うつく)しい織物(おりもの)を持(も)って小屋から出てきました。

「これは私が織(お)りました。おじいさん、これを町で売ってきてください。」

むすめが差(さ)し出(だ)した織物はきらきら光(ひか)って、今(いま)まで見たことがない美しさでした。

おじいさんは早速(さっそく)、織物を持って町に行きました。

「きれいな織物ですよ。見てください。」

おじいさんが呼(よ)びかけると、町の人(ひと)たちが集(あつ)まってきました。そして、「本当(ほんとう)にきれいだな。」と言ってみんなが織物をほしがりました。むすめの織物はあっという間(ま)に評判(ひょうばん)になり、それを聞いた殿様(とのさま)がおじいさんをお城(しろ)に呼(よ)びました。

- 織物(おりもの) 직물
- 織(お)る 짜다 〈織物を織る 직물을 짜다〉
- 差(さ)し出(だ)す 내밀다
- 早速(さっそく) 곧, 즉시, 당장
- 呼(よ)びかける 멀리 있는 사람을 향해 말을 걸다, 소리를 내어 부르다, 호소하다
- 本当(ほんとう)に 정말로, 진실로, 참으로
- 評判(ひょうばん) 평판, 소문남, 유명함
- (お)城(しろ) 성

다음날 아침, 아가씨는 아름다운 옷감을 들고 오두막에서 나왔습니다.

"이것은 제가 짰습니다. 할아버지 이것을 시내에서 팔아 와 주세요."

아가씨가 내민 옷감은 반짝반짝 빛나고, 지금까지 본 적이 없는 아름다움이었습니다.

할아버지는 즉시 옷감을 들고 시내로 갔습니다.

"아름다운 옷감이에요. 보세요."

할아버지가 외치자 시내 사람들이 모여들었습니다. 그리고 "정말로 아름다운 옷감이구나."라며 모두 옷감을 사고 싶어했습니다. 아가씨가 짠 옷감은 눈 깜짝할 새에 소문이 나, 그것을 들은 군주님이 할아버지를 성으로 불렀습니다.

「おじいさん、私にも織物を売ってください。」

殿様はたくさんのお金を渡しました。おじいさんはすぐ家に帰ってむすめに殿様の話をしました。するとむすめは、

「殿様がこんなにたくさんのお金をくれましたから、前の物よりもっときれいに織ります。七日の間、小屋にいますから決してのぞかないでください。」

と言ってすぐ小屋に入ってしまいました。

一日、二日、三日と時間は過ぎていきましたが、むすめは一度も小屋から出てきませんでした。

□ 渡(わた)す　건네다

□ 過(す)ぎる　지나가다〈時間が過ぎる　시간이 흐르다〉

"할아버지, 나에게도 옷감을 파세요."

군주님은 할아버지에게 많은 돈을 건넸습니다. 할아버지는 곧장 집으로 돌아와 아가씨에게 군주님의 이야기를 했습니다. 그러자 아가씨는,

"군주님이 이렇게 많은 돈을 주었으니 전의 것보다 더 아름답게 짜겠습니다. 7일간 오두막에 있을 테니 절대로 들여다보지 말아 주세요."

하고 말하고 바로 오두막으로 들어가 버렸습니다.

하루, 이틀, 사흘 시간은 흘러갔습니다만, 아가씨는 한 번도 오두막에서 나오지 않았습니다.

おじいさんとおばあさんは何(なに)も食(た)べないで織物を織っているむすめが心配になってきました。

小屋からは織物を織るキーバタン、キーバタンという音だけが聞こえてきます。

四日(よっか)、五日(いつか)、六日(むいか)と時間が過ぎて、二人はむすめがとても心配になって小屋の前(まえ)まで行きました。

「おじいさん、むすめは大丈夫(だいじょうぶ)でしょうか。心配ですから少(すこ)しだけのぞいてみましょう。」

- □ 心配(しんぱい)になる 걱정이 되다
- □ キーバタン 덜커덩
- □ ～という ~라는, ~라고 하는
- □ ～だけ ~만, ~뿐 〈한정을 나타냄〉
- □ 大丈夫(だいじょうぶ)だ 괜찮다
- □ 少(すこ)しだけ 조금만

할아버지와 할머니는 아무것도 먹지 않고 옷감을 짜고 있는 아가씨가 걱정되어 왔습니다.

오두막에서는 옷감을 짜는 철그럭 철그럭 하는 소리만이 들려옵니다.

4일, 5일, 6일 시간이 흐르고, 두 사람은 아가씨가 너무나 걱정이 되어 오두막 앞까지 갔습니다.

"영감, 아가씨는 괜찮을까요? 걱정이 되니 잠깐만 들여다봅시다."

「おばあさん、私もむすめが心配です。しかし、決してのぞかないと約束したじゃありませんか。明日(あした)が約束の七日目(め)です。もう少しだけ待ちましょう。」

二人は部屋にもどりましたが、おばあさんはむすめのことが心配でねむれませんでした。

「やっぱり、むすめのことが心配だ。大丈夫かどうか少しだけ見てこよう。」

おばあさんは部屋を出て小屋の前に来(き)ました。

小屋からはまだキーバタン、キーバタンという音だけがしてきます。

「少しだけ、少しだけ…。」

おばあさんは小屋の戸にそっと目(め)を近(ちか)づけました。

"할멈, 나도 아가씨가 걱정이요. 그렇지만 절대로 들여다보지 않겠다고 약속하지 않았소? 내일이 약속한 7일째요. 조금만 더 기다립시다."

두 사람은 방으로 돌아왔습니다만, 할머니는 아가씨가 걱정이 되어 잠들 수 없었습니다.

"역시 아가씨가 걱정이야. 괜찮은지 어떤지 잠깐만 보고 오자."

할머니는 방을 나와 오두막 앞으로 왔습니다.

오두막에서는 아직 철그럭 철그럭 하는 소리만 납니다.

"조금만, 조금만…."

할머니는 오두막 문에 살짝 눈을 가까이 대었습니다.

- もどる(戻る) 되돌아가(오)다, 돌아가다
- ねむる 자다, 잠들다
- やっぱり 역시, 과연 〈やはり의 힘준말〉
- ～かどうか ～지 어떤지〈行(い)くかどうか 갈지 어쩔지〉
- また 아직
- そっと 살짝, 살그머니
- 近(ちか)づける 가까이 대다, 가까이 하다

「あっ！」

小屋の中を見たおばあさんはおどろいて大(おお)きな声(こえ)を出(だ)してしまいました。そして、その声を聞いて部屋から走(はし)ってきたおじいさんに言いました。

「おじいさん、つるが小屋で織物を織っていました。」

話を聞いたおじいさんがおどろいていると、小屋からつるが出てきました。

「私はおじいさんに助けてもらった[8]あの日のつるです。のぞかないでくださいとあんなにお願いしたのに[9]…。本当(ほんとう)の姿(すがた)を見られたのでもうここにはいられません。」

- おどろく 놀라다
- 声(こえ)を出(だ)す (목)소리를 내다
- 走(はし)る 달리다, 뛰다

"앗!"

오두막 안을 본 할머니는 놀라 큰 소리를 내고 말았습니다. 그리고 그 소리를 듣고 방에서 달려온 할아버지에게 말했습니다.

"영감, 학이 오두막에서 옷감을 짜고 있었어요."

이야기를 들은 할아버지가 놀라고 있는데 오두막에서 학이 나왔습니다.

"저는 할아버지가 구해 주신 그날의 학입니다. 들여다보지 말아달라고 그렇게 부탁드렸는데…. 본 모습을 들켰으니 더 이상 이곳에는 있을 수 없습니다."

8 **~てもらう (남이 나에게, 남이 남에게) ~(해) 주다** [동사 て형+もらう]

받는 사람이 남에게 호의적인 행동이나 물품을 받았을 때 쓰는 표현이다.

わたしは兄(あに)に日本語(にほんご)を教(おし)えてもらった。
형은 나에게 일본어를 가르쳐 주었다.

9 **~のに ~(는)데** [동사 · い형용사 · な형용사 · 명사 보통형+のに]〈단, な형용사 · 명사 기본형에 접속할 때에는 → な형용사な · 명사な+のに〉

의외의 결과에 대한 유감 · 불만을 나타낸다

試験勉強(しけんべんきょう)をいっしょうけんめいしたのに、0点(れいてん)だった。 시험공부를 열심히 했는데도 0점이었다.

「ごめんなさい、ごめんなさい、どうか行かないで…。」

おじいさんとおばあさんは泣(な)きながらつるにお願いしました。

「おじいさん、おばあさん。今(いま)までありがとうございました。どうか、お元気(げんき)で…。」

つるは助けてもらった時(とき)のようにクゥークゥーと鳴きながら夜空(よぞら)へと飛んでいき、二度(にど)ともどっては来(き)ませんでした。

夜空(よぞら): 밤 하늘

二度(にど)と 두번 다시 〈~度(ど) ~번〉

"미안해, 미안해, 제발 가지 말아줘⋯."

할아버지와 할머니는 울면서 학에게 부탁했습니다.

"할아버지 할머니. 지금까지 고마웠습니다. 부디 몸 건강하세요."

학은 구조를 받았던 때처럼 쿠~ 쿠~ 하고 울면서 밤하늘로 날아가 두번 다시 돌아오지 않았습니다.

☑ CHECK UP

지금까지 「つるの恩返し」에서 익힌 표현들을 모았습니다.
기억을 상기하면서 풀어보고, 일반회화에서도 응용해 보기 바랍니다.

1 아래 ◯에서 적당한 말을 넣어 문장을 완성해 보세요.

そっと	トントン	きらきら

❶ （　　　　　）と戸をたたく音がしました。

❷ むすめが差し出した織物は（　　　　　）光って、今まで見たことがない美しさでした。

❸ おばあさんは小屋の戸に（　　　　　）目を近づけました。

2 다음 문장을 우리말로 옮겨 보세요.

❶ 一晩泊めていただけませんか。

→ ____________________

❷ キーキーと悲しそうに鳴く声が聞こえてきました。

→ ____________________

❸ 何も食べないで織物を織っているむすめが心配になってきました。

→ ____________________

❹ のぞかないでくださいとあんなにお願いしたのに…。

→ ____________________

3 다음 문장을「~ために~」를 넣어 하나의 문장으로 만들어 보세요.

❶ 韓国語(かんこくご)を勉強(べんきょう)します。韓国へ来(き)ました。

→

❷ 日本(にほん)に留学(りゅうがく)します。いっしょうけんめい勉強します。[留学 유학]

→

❸ 健康(けんこう)です。毎朝(まいあさ)、走(はし)ります。[健康 건강]

→

4 다음 보기와 같이 문장을 바꾸어 보세요.

보기 試験(しけん)の時(とき)にカンニングをします。
→ 試験の時にカンニングをしないでください。

❶ ここに車(くるま)をとめます。[とめる 주차하다, 정차하다]

→

❷ 戸(と)をたたきます。

→

❸ あした来(き)ます。

→

❹ 時間(じかん)に遅(おく)れます。[遅れる 늦다, 지각하다]

→

おむすびころころ

昔(むかし)々(むかし)、山(やま)奥(おく)におじいさんとおばあさんが住(す)んでいました。

ある朝(あさ)、おじいさんは山(やま)へ木(き)を切(き)りに行(い)きました。おのでバタン、バタンと木を切っているとすぐお昼(ひる)になりました。

「そろそろお腹(なか)が空(す)いてきたな。よし、昼(ひる)ご飯(はん)を食(た)べよう。」

- おむすび　주먹밥
- ころころ　작고 가벼운 것이 구르는 모양, 대굴대굴
- 切(き)る　베다, 자르다

- おの　도끼
- バタン　심하게 부딪치는 소리, 쿵, 꽝
- (お)昼(ひる)　점심
- 昼(ひる)ご飯(はん)　점심밥

옛날 옛날 깊은 산속에 할아버지와 할머니가 살고 있었습니다.

어느날 아침, 할아버지는 산에 나무를 하러 갔습니다. 도끼로 쾅, 쾅 하고 나무를 자르자 금방 점심때가 되었습니다.

"슬슬 배가 고파지는구나. 좋아, 점심밥을 먹자."

おじいさんがおべんとうの包(つつ)みを開(ひら)くと、おむすびが落(お)ちて山道(やまみち)をころころと転(ころ)がり始(はじ)めました。

「待(ま)て、待て、おむすびどこへ行く？ ころころ、ころころどこへ行く？」

おじいさんはいっしょうけんめい追(お)いかけましたが、なかなか追いつけません。おむすびはどんどん転がって、木の根(ね)にある穴(あな)に入(はい)ってしまいました。

「おばあさんがせっかく作(つく)ってくれたのだから…。」

残念(ざんねん)に思(おも)ったおじいさんが穴の中(なか)をのぞいてみたり、手(て)を入(い)れてみたりしていた時(とき)です。

- おべんとう(弁当) 도시락
- 包(つつ)み 꾸러미 〈包む 싸다〉
- 開(ひら)く 펴다, 열다
- 転(ころ)がり始(はじ)める 구르기 시작하다
- 追(お)いかける 뒤쫓아가다
- 追(お)いつく 따라잡다, 따라붙다
- 転(ころ)がる 구르다, 넘어지다
- 木(き)の根(ね) 나무 밑동, 나무 뿌리
- 穴(あな) 구멍
- せっかく～から 모처럼~니까, 애써 ~니까
- 残念(ざんねん)だ 유감이다, 아쉽다

할아버지가 도시락 꾸러미를 펼치자, 주먹밥이 떨어져 산길을 대굴대굴 구르기 시작했습니다.

"기다려! 기다려! 주먹밥아 어디로 가니? 대굴대굴 어디로 가니?"

할아버지는 열심히 뒤쫓아갔습니다만, 좀처럼 따라잡을 수 없습니다. 주먹밥은 계속 굴러 나무 밑동에 있는 구멍으로 들어가 버렸습니다.

"할멈이 애써 만들어 준 것이니…."

아쉬운 마음에 할아버지가 구멍 안을 들여다보거나 손을 넣어 보거나 하고 있을 때입니다.

おむすび　ころりん　ころりんりん

おむすび　ころりん　ころりんりん

穴の中からとつぜんかわいい歌(うた)が聞(き)こえてきました。

「こんな歌は初(はじ)めて聞いた。なんてかわいい声(こえ)だろう。」

おじいさんはもう一度(いちど)聞いてみたいと思って[1]、穴に手(て)ぬぐいを入(い)れてみました。

手ぬぐい　ころりん　ころりんりん

手ぬぐい　ころりん　ころりんりん

今度(こんど)はさっきよりたくさんのかわいい声が聞こえてきました。

- □ とつぜん(突然) 갑자기, 돌연
- □ 歌(うた) 노래
- □ 初(はじ)めて 처음으로
- □ 手(て)ぬぐい 손수건

주먹밥 대구르 대구르르

주먹밥 대구르 대구르르

구멍 속에서 갑자기 귀여운 노래가 들려왔습니다.

"이런 노래는 처음 들었어. 너무나 귀여운 소리군."

할아버지는 한번 더 듣고 싶어 구멍에 손수건을 넣어 보았습니다.

손수건 대구르 대구르르

손수건 대구르 대구르르

이번에는 조금 전보다 많은 귀여운 소리가 들려왔습니다.

1 ~たいと思っ ~고 싶다 [동사 ます형+たいと思う]

말하는 사람의 희망이나 요구를 나타내는 표현이다.

大学(だいがく)で英語(えいご)を勉強(べんきょう)して将来(しょうらい)アメリカに住(す)みたいと思(おも)う。 대학에서 영어를 공부해서 장차 미국에서 살고 싶다.

「わっはっは、ゆかいだ！」

おもしろくなってきたおじいさんは次(つぎ)にわらじを入(い)れてみました。

わらじも　ころりん　ころりんりん

わらじも　ころりん　ころりんりん

「本当(ほんとう)にかわいい声だなぁ。さあさあ、もっと歌っておくれ。」

おじいさんはもう片方(かたほう)のわらじも穴に入(い)れました。

もうひとつ　ころりん　ころりんりん

もうひとつ　ころりん　ころりんりん

- ゆかい(愉快)だ　유쾌하다
- おもしろい　재미있다
- 歌(うた)う　노래 부르다
- おくれ　~해 주거라 〈おは 동사 ます형에 붙어 부드러운 명령 표현을 만드는데 손윗사람에게는 쓰지 않음〉
- もう　더, 그 위에, 또
- 片方(かたほう)　한쪽

"왓핫하, 유쾌하구나!"

재미있어진 할아버지는 다음으로 짚신을 넣어 보았습니다.

짚신도 대구르 대구르르
짚신도 대구르 대구르르

"정말로 귀여운 소리구나, 자자, 좀 더 노래를 불러 주기라."

할아버지는 다른 한쪽의 짚신도 구멍에 넣었습니다.

하나 더 대구르 대구르르
하나 더 대구르 대구르르

すっかり楽しい気分になったおじいさんは、手をたたきながら一緒に歌いました。そして、もっと歌が聞きたいと思いましたが、穴に入れる物がもう何もありません。

「本当に不思議だなぁ。いったいこの中に何がいるんだろう。」

おじいさんは穴の中をのぞいてみましたが、暗くて何も見えません。

「もっと中までのぞいてみよう！」

おじいさんが暗くて静かな穴の中に頭をすっぽり入れた時です。

おじいさん　ころりん　ころりんりん

おじいさん　ころりん　ころりんりん

とつぜん大きな歌声がしたのでびっくりしたおじいさんは穴の中に転がりこんでしまいました。

너무나 기분이 즐거워진 할아버지는 손뼉을 치며 함께 노래를 불렀습니다. 그리고 좀 더 노래가 듣고 싶었습니다만 구멍에 넣을 것이 이제 아무것도 없습니다.

"정말 이상하구나. 대체 이 안에 뭐가 있는 걸까?"

할아버지는 구멍 안을 들여다보았습니다만, 어두워서 아무것도 보이지 않습니다.

"좀 더 안쪽까지 들여다보자!"

할아버지가 어둡고 조용한 구멍 안에 머리를 쑥 넣었을 때입니다.

할아버지 대구르 대구르르

할아버지 대구르 대구르르

갑자기 큰 노랫소리가 나서 깜짝 놀란 할아버지는 구멍 안으로 굴러들어가고 말았습니다.

- 気分(きぶん) 기분
- 手(て)をたたく 손뼉을 치다
- いったい 도대체, 대관절
- 暗(くら)い 어둡다
- すっぽり 쉽게 빠지거나 끼워지는 모양, 쏙, 쑥
- 歌声(うたごえ) 노랫소리
- 転(ころ)がりこむ 굴러 들어가(오)다

おじいさんは穴の中をころころころころ転がり、やっと底(そこ)に着(つ)くと目(め)を開(あ)けました。すると、そこは宝石(ほうせき)でできた小さいねずみの町(まち)でした。おじいさんはものかげにかくれて、ねずみたちがいる方(ほう)をのぞいてみました。

楽(たの)しい　楽しい　ねずみの　王国(おうこく)
猫(ねこ)が　いない　ねずみの　王国
ニャーニャー　うるさい　猫は　きらい
ニャーニャー　うるさい　猫は　大(だい)きらい

小(ちい)さいねずみたちはかわいい声で歌い、「わっはっはっ」と笑(わら)い合(あ)いました。

かくれて歌を聞いていたおじいさんもついつい楽しくなって、ねずみたちと一緒に笑って、さっきの歌を「ニャーニャー」と大きい声で歌ってしまいました。

할아버지는 구멍 안을 대굴대굴 대굴대굴 굴러가 겨우 바닥에 닿자 눈을 떴습니다. 그러자 그곳은 보석으로 된 작은 쥐의 마을이었습니다. 할아버지는 구석에 숨어서 쥐들이 있는 쪽을 엿보았습니다.

즐거운 즐거운 쥐의 왕국
고양이가 없는 쥐의 왕국
야옹야옹 시끄러운 고양이는 싫어
야옹야옹 시끄러운 고양이는 너무 싫어

작은 쥐들은 귀여운 소리로 노래하고 '왓핫핫' 하고 서로 웃었습니다.

숨어서 노래를 듣고 있던 할아버지도 그만 즐거워져 쥐들과 함께 웃고는 조금 전의 노래를 '야옹야옹' 하고 큰 소리로 부르고 말았습니다.

- やっと 겨우, 가까스로, 간신히
- 底(そこ) 바닥, 밑바닥
- 着(つ)く 도착하다
- 目(め)を開(あ)ける 눈을 뜨다
- 宝石(ほうせき) 보석
- できる 생기다, 만들어지다
- ねずみ 쥐
- ものかげ(物陰) 가려서 보이지 않는 곳, 그늘
- かくれる(隠れる) 숨다
- ～方(ほう) ~방향, ~쪽
- 王国(おうこく) 왕국
- 猫(ねこ) 고양이
- ニャーニャー 고양이의 울음소리, 야옹야옹
- うるさい 시끄럽다
- 大(だい)きらいだ 너무 싫어하나
- ついつい 무심코, 그만, 어느덧 〈つい를 중복하여 의미를 강조한 말〉
- 笑(わら)う 웃다

その声を猫だと思ったねずみたちはおどろきました。そして、

「猫だぞ！」

とさけびながらいっせいに逃(に)げてしまいました。

一人(ひとり)になったおじいさんが家(うち)に帰(かえ)ろうと思い、ものかげから出(で)てくると、ねずみの町には金(きん)や宝石がたくさんありました。

「これを持(も)って帰って困(こま)ってる人(ひと)に分(わ)けてあげよう。」

心(こころ)の優(やさ)しいおじいさんは宝石を持って村に帰り、ねずみの国(くに)の話(はなし)をしながら困っている人たちに宝石を全部(ぜんぶ)分けてあげました。

- □ いっせいに(一斉に) 일제히
- □ 逃(に)げる 도망치다, 달아나다
- □ 金(きん) 금 〈銀(ぎん) 은〉
- □ 国(くに) 나라, 국가

그 소리를 고양이라고 여긴 쥐들은 놀랐습니다. 그리고,

"고양이다!"

라고 외치며 일제히 도망쳐 버렸습니다.

혼자가 된 할아버지가 집에 돌아가려고 구석에서 나오자 쥐 마을에는 돈과 보석이 많이 있었습니다.

"이것을 갖고 가서 어려운 사람에게 나눠 주자."

마음씨 고운 할아버지는 보석을 갖고 마을로 돌아와 쥐왕국의 이야기를 하며 어려운 사람들에게 보석을 전부 나누어 주었습니다.

次の日、ねずみの国の話を聞いた隣のよくばりなおじいさんは、自分も宝石がほしいと思って山へ行きました。そして、木の根の穴におむすびを入れました。

おむすび　ころりん　ころりんりん
おむすび　ころりん　ころりんりん

穴から歌が聞こえてきました。隣のおじいさんは早く宝石がほしかったので、手ぬぐいもわらじも入れませんでした。そして、自分から

おじいさん　ころりん　ころりんりん
おじいさん　ころりん　ころりんりん

と歌を歌って穴に入りました。

다음날, 쥐왕국 이야기를 들은 이웃의 욕심쟁이 할아버지는 자기도 보석을 갖고 싶어 산으로 갔습니다. 그리고 나무 밑동의 구멍에 주먹밥을 넣었습니다.

주먹밥 대구르 대구르르

주먹밥 대구르 대구르르

구멍 안에서 노래가 들려왔습니다. 옆집 할아버지는 빨리 보석을 갖고 싶었기 때문에 손수건도 짚신도 넣지 않았습니다. 그리고 스스로

할아버지 대구르 대구르르

할아버지 대구르 대구르르

하고 노래를 부르며 구멍으로 들어갔습니다.

おじいさんがころころころころ転がってねずみの国に着(つ)くと、今日(きょう)もねずみたちは楽しそうに歌を歌っていました。そして、その隣にはたくさんの宝石がきらきら輝(かがや)いていました。

「よし、あの宝石を全部取(ぜんぶと)ってやろう。」

よくばりなおじいさんは「ニャーニャー」と猫の鳴(な)きまねをしました。しかし、ねずみたちは逃げませんでした。

「これは人間(にんげん)の声だ。今日はだまされないぞ！みんな、かみついてやれっ！」

ねずみたちはチューチューと言いながら、おじいさんの手(て)や足(あし)にかみつきました。

- □ 輝(かがや)く　빛나다, 반짝이다
- □ 取(と)る　취하다, 빼앗다
- □ 鳴(な)きまねをする　우는 흉내를 내다
- □ 人間(にんげん)　인간
- □ だます　속이다
- □ ～ぞ　~테다, ~거야 〈다짐을 나타냄〉
- □ かみつく　물고 늘어지다, 달려들어 물다
- □ チューチュー　쥐의 울음소리, 찍찍

할아버지가 대굴대굴 대굴대굴 굴러 쥐왕국에 도착하자, 오늘도 쥐들은 즐겁게 노래를 부르고 있었습니다. 그리고 그 옆에는 많은 보석이 반짝반짝 빛나고 있었습니다.

"좋아, 저 보석을 전부 뺏어 주마!"

욕심쟁이 할아버지는 '야옹야옹' 하고 고양이 우는 흉내를 내었습니다. 그러나 쥐들은 도망치지 않았습니다.

"이것은 인간의 소리야. 오늘은 속지 않을 테다! 모두 달려들어 물어버려!"

쥐들은 찍찍 하면서 할아버지의 손이랑 다리에 달려들어 물었습니다.

「痛い、痛い！やめろ、やめろ！」

おじいさんは逃げようと思いましたが、ねずみの国の出口がわかりませんでした。

「もっとかみついてやれ！チューチュー！」

ねずみたちにたくさんかまれたおじいさんは、手や足から血を流しながら、やっと出口を見つけました。

よくばりなおじいさんは何も取ることができないまま[2]、泣きながら家に帰りました。

- やめる 그만두다, 중지하다, 멈추다
- 出口(でぐち) 출구 ↔ 入(い)り口(ぐち) 입구
- かむ 물다
- 血(ち)を流(なが)す 피를 흘리다
- 見(み)つける 발견하다, 찾다

"아야, 아야! 그만해, 그만해!"

할아버지는 도망치려고 했습니다만, 쥐왕국의 출구를 알 수 없었습니다.

"더 물어버려! 찍찍!"

쥐들에게 많이 물린 할아버지는 손과 다리에 피를 흘리며 간신히 출구를 찾았습니다.

욕심쟁이 할아버지는 아무것도 얻지 못한 채 울면서 집으로 돌아갔습니다.

---

2 ~まま ~채 [동사 た형 · 부정형, い형용사 기본형, な형용사な, 명사の + まま]
「AままB」 형태로, A 상태인 채로 B의 동작을 행하는 것을 나타낸다.

本(ほん)を持(も)ったまま、寝(ね)てしまった。 책을 든 채 잠들어 버렸다.

☑ CHECK UP

지금까지 「おむすびころころ」에서 익힌 표현들을 모았습니다.
기억을 상기하면서 풀어보고, 일반회화에서도 응용해 보기 바랍니다.

1 다음 문장에 적당한 말을 아래 ▭에서 골라 써 넣으세요.

なかなか	すっぽり	ニャーニャー
どんどん	ころころ	チューチュー

❶ おむすびが落ちて山道を(　　　　　　)と転がり始めました。

❷ おじいさんが暗くて静かな穴の中に頭を(　　　　　　)入れた時です。

❸ ねずみたちは(　　　　　　)と言いながら、おじいさんの手や足にかみつきました。

❹ よくばりなおじいさんは(　　　　　　)と猫の鳴きまねをしました。

❺ いっしょうけんめい追いかけましたが、(　　　　　　)追いつけません。

❻ おむすびは(　　　　　　)転がって、木の根にある穴に入ってしまいました。

2 아래 ▭에서 할아버지가 나무 밑동의 구멍에 넣은 것을 골라 넣은 순서대로 써 넣으세요.

わらじ	木	手ぬぐい	おの	宝石

(　　　　　　　　　)と(　　　　　　　　　)

3 다음 문장을 우리말로 옮겨 보세요.

❶ 穴に入れる物がもう何もありません。

→ ____________________

❷ おじいさんはもう一度聞いてみたいと思って、穴に手ぬぐいを入れてみました。

→ ____________________

❸ 自分も宝石がほしいと思って山へ行きました。

→ ____________________

❹ 穴の中からとつぜんかわいい歌が聞こえてきました。

→ ____________________

❺ 「猫だぞ！」とさけびながらいっせいに逃げてしまいました。

→ ____________________

4 おむすびころころ의 내용과 일치하면 ○표, 일치하지 않으면 ×표 하세요.

❶ おじいさんがおべとうの包みを開くとおむすびが落ちました。( )

❷ おむすびが落ちた穴の中から猫の鳴きまねが聞こえてきました。( )

❸ 心の優しいおじいさんは困っている人に宝石を分けてあげました。( )

❹ 隣のおじいさんは穴に手ぬぐいとわらじを入れました。( )

こぶとりじいさん

昔々、ある村にほおに大きいこぶがある、木こりのおじいさんが住んでいました。

　おじいさんが動くと、こぶも一緒にぶらぶらゆれますから、じゃまでしかたがありません。

　おじいさんはどうにかしてこぶを取ることができないかといつも考えていました。

- こぶ 혹
- ほお 뺨, 볼
- 木(き)こり 나무꾼
- ぶらぶら 물건이 흔들리는 모양, 흔들흔들
- ゆれる 흔들리다
- じゃま 방해, 장애
- しかたがない 견딜 수 없다, 어찌할 도리가 없다, 달리 방법이 없다, 하는 수 없다
- どうにかする 어떻게든 하다
- いつも 언제나, 항상, 늘
- 考(かんが)える 생각하다

옛날 옛날 어느 마을에 볼에 큰 혹이 있는 나무꾼 할아버지가 살고 있었습니다.

할아버지가 움직이면 혹도 함께 흔들흔들 흔들려 귀찮기가 이만저만이 아닙니다.

할아버지는 어떻게든 해서 혹을 떼어낼 수 없을까 하고 언제나 생각했습니다.

ある天気(てんき)のいい日(ひ)のことです。おじいさんは山(やま)へ木(き)を切りに行(い)きました。そして、いつものようにこぶをぶらぶらさせながら、いっしょうけんめい木を切りました。

「今日(きょう)もたくさん働(はたら)いたぞ。最後(さいご)にこの木を切ったら[1]もう家(うち)へ帰(かえ)ろう。」

おじいさんが最後の木を切り始(はじ)めると、急(きゅう)に強(つよ)い風(かぜ)がふいて木の枝(えだ)がざわざわゆれ始めました。

「おかしいなぁ、さっきまでいい天気(てんき)だったのに…。早(はや)く切ってしまおう。」

おじいさんは力(ちから)をこめておのをふりました。すると、風はもっと強くなって空(そら)が暗(くら)くなり始めました。

- 天気(てんき) 날씨
- 働(はたら)く 일하다
- 最後(さいご)に 마지막으로
- 枝(えだ) 나뭇가지
- ざわざわ 나뭇잎과 가지가 스쳐 나는 소리, 와삭와삭, 바삭바삭
- おかしい 이상하다, 수상하다, 의심스럽다
- 力(ちから)をこめる 힘을 넣다(집중시키다)
- おのをふる 도끼를 휘두르다

어느 날씨가 좋은 날의 일입니다. 할아버지는 산에 나무를 하러 갔습니다. 그리고 언제나 그랬듯이 혹을 흔들흔들거리면서 열심히 나무를 베었습니다.

"오늘도 많이 일했군. 마지막으로 이 나무를 베면 이제 그만 집으로 돌아가야지."

할아버지가 마지막 나무를 베기 시작하자, 갑자기 센 바람이 불어 나뭇가지가 와삭와삭 흔들리기 시작했습니다.

"이상한걸, 조금 전까지 날씨가 좋았는데…. 빨리 베어 버리자."

할아버지는 힘껏 도끼를 휘둘렀습니다. 그러자 바람은 더욱 세지고 하늘이 어두워지기 시작했습니다.

1 ~たら ~면

[동사 · い형용사 た형+ら, な형용사 어간 · 명사+だったら](예외 いい→よかったら)

어느 상황이 확정된 후에 이어서 할 일이 있음을 나타낸다.

大学(だいがく)を卒業(そつぎょう)したらアメリカに留学(りゅうがく)します。

대학을 졸업하면 미국으로 유학 갑니다.

そして、あっという間(ま)に雷(かみなり)がごろごろ鳴(な)り始め、大雨(おおあめ)がざあざあ降(ふ)ってきました。

「困(こま)った困った。こんな天気では帰れない。近(ちか)くにお堂(どう)があったはずだ[2]から、そこで雨宿(あまやど)りをしよう。」

おじいさんは真(ま)っ暗(くら)なお堂の中(なか)で雨(あめ)がやむのを待(ま)ちましたが、疲(つか)れていたのでいつの間(ま)にかねてしまいました。

どれくらい時間(じかん)が経(た)ったのでしょうか。しばらくしておじいさんが目(め)を覚(さ)ますと雨はやんでいましたが、辺(あた)りは真っ暗でした。

「こんなに暗くては家(うち)に帰れないなぁ。」

おじいさんが困っていると、外(そと)から音(おと)が聞(き)こえてきました。

- 雷(かみなり)　천둥 〈雷が鳴(な)る 천둥이 울리다, 천둥이 치다〉
- ごろごろ　천둥 치는 소리, 우르르, 쿠릉쿠릉
- 大雨(おおあめ)　큰비
- ざあざあ　쏴쏴, 죽죽, 좍좍
- (お)堂(どう)　신불을 모시는 건물, 당, 사당
- 雨宿(あまやど)りをする　비를 긋다
- 真(ま)っ暗(くら)だ　아주 깜깜하다, 캄캄하다
- 雨(あめ)がやむ　비가 그치다
- 疲(つか)れる　지치다, 피곤하다
- いつの間(ま)にか　어느새
- 目(め)を覚(さ)ます　잠을 깨다

그리고 순식간에 천둥이 우르르 쾅 하고 울리기 시작하고, 큰비가 좍좍 내렸습니다.

"이런 이런. 이런 날씨에는 돌아갈 수 없겠는걸. 근처에 틀림없이 사당이 있었으니 거기서 비를 피하자."

할아버지는 캄캄한 사당 안에서 비가 그치기를 기다렸습니다만, 피곤했기 때문에 어느 새 잠이 들어 버렸습니다.

어느 정도 시간이 지났을까요? 한참 후에 할아버지가 잠을 깨자 비는 그쳐 있었습니다만 주변은 캄캄했습니다.

"이렇게 어두워서는 집에 돌아갈 수 없겠는걸."

할아버지가 난처해 하고 있는데 밖에서 소리가 들려왔습니다.

---

2 **~はずだ　~(일)것이다** [동사 · い형용사 · な형용사 · 명사 보통형+はずだ]〈단, な형용사 · 명사 기본형에 접속할 때에는 → な형용사な · 명사の+はずだ〉
객관적인 이유를 근거로 한 추측이나 확신, 당연함을 나타낸다.

彼(かれ)は日本語(にほんご)を専攻(せんこう)していたので、日本語が上手(じょうず)なはずだ。 그는 일본어를 전공했기 때문에 틀림없이 일본어가 능숙할 것이다.

「何(なん)の音だろう。動物(どうぶつ)の鳴(な)き声(ごえ)かな。」

おじいさんは耳(みみ)をすまして注意深(ちゅういぶか)く、外の音を聞きました。

ピーヒャラ　ピーヒャラ　ドンドンドン

ピーヒャラ　ピーヒャラ　ドンドンドン

飲(の)めよ　おどれよ　ドンドンドン

今夜(こんや)は　祭(まつ)りだ　ドンドンドン

楽(たの)しそうなお囃子(はやし)と歌声(うたごえ)が聞こえてきます。

「こんな夜中(よなか)に誰(だれ)が歌(うた)っているんだろう？」

おじいさんは不思議(ふしぎ)に思って、そっと外をのぞいてみました。

- 動物(どうぶつ)　동물 ↔ 植物(しょくぶつ) 식물
- 鳴(な)き声(ごえ)　(동물 등의) 울음소리
- 耳(みみ)をすます　귀를 기울이다
- 注意深(ちゅういぶか)い　주의 깊다
- おどる(踊る)　춤추다
- 今夜(こんや)　오늘 밤
- 祭(まつ)り　축제, 잔치
- (お)囃子(はやし)　장단을 맞추거나 흥을 돋우기 위해 연주하는 반주 음악
- 夜中(よなか)　밤중

"무슨 소리지? 짐승의 울음소리인가?"

할아버지는 귀를 기울여 주의 깊게 밖의 소리를 들었습니다.

　삘리리 삘리리 동동동
　삘리리 삘리리 동동동
　마셔라 춤춰라 동동동
　오늘 밤은 축제다 동동동

즐거운 듯한 음악과 노랫소리가 들려옵니다.

"이런 밤중에 누가 노래를 부르고 있는 것일까?"

할아버지는 이상한 생각이 들어 살짝 밖을 내다보았습니다.

すると、赤や青の鬼たちがたきぎをたいて、歌を歌いながらおどっているではありませんか。

それを見たおじいさんはびっくりして腰を抜かしてしまいました。

「おそろしい鬼だ。もし、見つかったら食べられてしまうだろう。」

おじいさんはじっと息を殺して、楽しそうにしている鬼たちをのぞいていました。

最初はこわいと思っていましたが、しばらく見ているとおじいさんもだんだん楽しい気持ちになってきて、お堂の中で鬼の歌に合わせておどり始めました。

そして、夢中でおどっていたら、自分でも気付かないうちに[3]お堂の外に出てしまっていたのです。

- 鬼(おに) 귀신, 도깨비
- たきぎ 장작
- たく 불을 때다, 지피다, 태우다
- 腰(こし)を抜(ぬ)かす 매우 놀라다, 너무 놀라 설 수 없게 되다, 힘이 빠져 설 수 없다
- おそろしい(恐ろしい) 무섭다, 두렵다
- もし 만약, 만일, 혹시
- じっと 꾹, 지긋이
- 息(いき)を殺(ころ)す 숨을 죽이다
- こわい 무섭다
- だんだん 점점, 차차, 차츰
- 合(あ)わせる 맞추다, 모으다, 합치다
- 夢中(むちゅう) 몰두(함), 열중(함)
- 気付(きづ)く 눈치 채다, 알아차리다

그러자, 빨강과 파랑 도깨비들이 장작을 지피고 노래를 부르며 춤추고 있는 것이 아니겠습니까?

그것을 본 할아버지는 깜짝 놀라 주저앉아 버렸습니다.

"무서운 도깨비다. 만약 들키면 잡아 먹혀 버릴 거야."

할아버지는 지긋이 숨을 죽이고, 즐거운 듯 놀고 있는 도깨비들을 엿보고 있었습니다.

맨 처음에는 무서웠습니다만, 얼마 동안 보고 있으니 할아버지도 점점 기분이 즐거워져 사당 안에서 도깨비의 노래에 맞추어 춤추기 시작했습니다.

그리고, 몰두해서 춤을 추다 자신도 모르는 사이에 사당 밖으로 나와 버리고 만 것입니다.

---

3 ～ないうちに ～고 있지 않는 사이에, ～기 전에 [동사 부정형+うちに]

「AないうちにB」 형태로 「A 하지 않는 상태가 지속되고 있는 사이에 B를 하다」라는 의미를 나타낸다.

私(わたし)がいないうちに妹(いもうと)はおやつを全部(ぜんぶ)食(た)べてしまった。 내가 없는 사이에 여동생은 간식을 모두 먹어 버렸다.

「お前(まえ)は誰(だれ)だ！」

鬼たちはおそろしい目(め)でにらみつけましたが、おじいさんは楽しくて、もう体(からだ)が止(と)まりません。

ピーヒャラ　ピーヒャラ　ドンドンドン

ピーヒャラ　ピーヒャラ　ドンドンドン

飲めよ　おどれよ　ドンドンドン

今夜は　祭りだ　ドンドンドン

おじいさんが鬼たちの前(まえ)で歌いながらおどると、ほおのこぶがぶらぶらゆれました。鬼たちはそれを見て手(て)をたたいて喜(よろこ)びました。

- お前(まえ)　너 〈대등하거나 손아랫사람에게 씀〉
- にらみつける　매섭게 쏘아보다, 눈을 부라려 노려보다
- 体(からだ)　몸
- 止(と)まる　멈추다

"너는 누구냐!"

도깨비들은 무서운 눈초리로 노려보았습니다만, 할아버지는 즐거워서 이미 몸이 멈추지 않습니다.

삘리리 삘리리 동동동
삘리리 삘리리 동동동
마셔라 춤춰라 동동동
오늘 밤은 축제다 동동동

할아버지가 도깨비들 앞에서 노래 부르며 춤추자, 볼의 혹이 흔들흔들 흔들렸습니다. 도깨비들은 그것을 보고 손뼉을 치며 기뻐했습니다.

おじいさんと鬼たちはすっかり仲(なか)よくなって、一緒(いっしょ)におどり続(つづ)けました[4]。

時間を忘(わす)れておどっていると、「コケコッコー。」とどこかで鶏(にわとり)が鳴きました。すると、鬼たちはおどりをやめてしんけんな顔(かお)で言(い)いました。

「大変(たいへん)だ！おれたちは朝(あさ)になると力(ちから)がなくなってしまう。急(いそ)いで帰ろう！」

その時(とき)、赤鬼(あかおに)がみんなに言いました。

「ちょっと待(ま)て！今日はじいさんのおかげでとても楽しかった。明日(あした)もじいさんにおどってもらおう！」

鬼たちはみんな手をたたいて賛成(さんせい)しました。

- 忘(わす)れる　잊다
- コケコッコ　닭의 울음소리, 꼬끼오, 꼬꼬댁
- 鶏(にわとり)　닭
- しんけんだ(真剣だ)　진지하다
- 大変(たいへん)だ　큰일이다
- おれ　나〈주로 남자가 동료 또는 손아랫사람에게 씀〉
- なくなる　없어지다, 분실되다
- 賛成(さんせい)する　찬성하다

할아버지와 도깨비들은 너무나 사이가 좋아져 함께 계속 춤추었습니다.

시간을 잊고 춤추고 있자, "꼬끼오~." 하면서 어디선가 닭이 울었습니다. 그러자 도깨비들은 춤을 멈추고 심각한 얼굴로 말했습니다.

"큰일이다! 우리들은 아침이 되면 힘이 사라져 버려. 서둘러 돌아가자!"

그때 빨강 도깨비가 모두에게 말했습니다.

"잠깐 기다려! 오늘은 영감 덕분에 너무 즐거웠어. 내일도 영감한테 춤춰 달라고 하자!"

도깨비들은 모두 손뼉을 치며 찬성했습니다.

---

4 **~続ける 계속 ~하다** [동사 ます형+続ける]
동작이나 작용의 지속을 나타낸다.

彼(かれ)は病気(びょうき)になってもお酒(さけ)を飲(の)み続(つづ)けた。
그는 병이 나도 계속 술을 마셨다.

「それじゃ、じいさん明日も来(き)てくれ。じいさんが必(かなら)ず来(く)るように、大切(たいせつ)な物(もの)を預(あず)かっておく[5]よ。」

赤鬼はおじいさんのほおのこぶをさっと取(と)って、いっしゅんで消(き)えてしまいました。

すると、さっきまで飲(の)んでいたお酒(さけ)も、たきぎも消えて、空に太陽(たいよう)だけが光(ひか)っていました。

「あれ？ 夢(ゆめ)をみていたのかな…？ おばあさんが待っているから早く家(うち)に帰らなければ[6]。」

おじいさんは歩(ある)き始めましたが、何(なに)かすっきりしません。

「何(なん)だかおかしいなぁ。いつもと何(なに)かが違(ちが)うぞ…。」

- それじゃ　그러면, 그렇다면 =それでは
- 必(かなら)ず　꼭, 반드시, 틀림없이
- 預(あず)かる　맡다 〈預(あず)ける 맡기다〉
- さっと　휙, 잽싸게, 순식간에
- いっしゅん(一瞬)　한순간, 일순간에, 갑자기
- 消(き)える　사라지다
- (お)酒(さけ)　술
- 太陽(たいよう)　태양
- 夢(ゆめ)をみる　꿈을 꾸다
- ～かな　~가?, ~까? 〈가벼운 영탄을 담은 의문을 나타냄〉
- すっきりする　산뜻하다, 상쾌하다
- 違(ちが)う　다르다

"그러면, 영감 내일도 와 줘. 영감이 꼭 오도록 소중한 것을 맡아 둘게."

빨강 도깨비는 할아버지의 볼에 있는 혹을 휙 하고 떼어 순식간에 사라져 버렸습니다.

그러자 조금 전까지 마시던 술도 장작도 사라지고 하늘에는 태양만이 빛나고 있었습니다.

"어라? 꿈을 꾼 것인가…? 할멈이 기다리고 있을 테니 빨리 집으로 돌아가야지."

할아버지는 걷기 시작했습니다만 뭔가 개운하지 않습니다.

"뭔가 이상한걸. 평소와 뭔가가 다르단 말이야…."

---

5 ～ておく ～어 두다 [동사 て형+おく]

목적을 위한 준비로 어떤 행위를 하는 것을 뜻한다.

将来(しょうらい)のためにお金(かね)をためておく。 장래를 위해 돈을 모아 두다.

6 ～なければ(ならない) ～지 않으면 안 된다, ～어야만 한나

[동사 ない형, い형용사 어간く, な형용사 어간で, 명사で＋なければ(ならない)]

(예외 いい→よく)

해야 할 의무나 필요성이 있는 일임을 나타낸다.

あしたはテストがあるので、今日(きょう)は勉強(べんきょう)しなければなりません。 내일은 시험이 있기 때문에 오늘은 공부해야만 합니다.

おじいさんは切(き)り株(かぶ)に座(すわ)って、ほおづえをつきました。

「あっ！ こぶがない！」

おじいさんは立(た)ち上(あ)がり急(いそ)いで家(うち)に帰りました。そして、おばあさんに昨日(きのう)の夜(よる)の話(はなし)をしました。

こぶがなくなって二人(ふたり)が喜(よろこ)んでいるところに[7]、隣(となり)のおばあさんがやって来(き)ました。こぶがないおじいさんを見て隣のおばあさんはびっくりしました。

「うちのおじいさんもこぶがあるから鬼の祭りに行(い)かせよう。」

- 切(き)り株(かぶ) 그루터기
- 座(すわ)る 앉다
- ほおづえをつく 손으로 턱을 괴다

할아버지는 그루터기에 앉아 턱을 괴었습니다.

"앗! 혹이 없다!"

할아버지는 일어나 서둘러 집으로 돌아갔습니다. 그리고 할머니에게 어젯밤의 이야기를 했습니다.

혹이 없어져 두 사람이 기뻐하고 있는 중에, 이웃의 할머니가 왔습니다. 혹이 없는 할아버지를 보고 이웃 할머니는 깜짝 놀랐습니다.

"우리 집 영감도 혹이 있으니 도깨비의 잔치에 가게 하자."

7 **～ているところに ～(하)고 있는 중에** [동사 て형+いるところに]

어떤 일이 한창 진행 중일 때 그것을 방해하거나 변화시키는 일이 일어나는 것을 나타낼 때 쓴다.

出(で)かけようとしているところに友(とも)だちから電話(でんわ)がかかってきた。

외출하려고 하는 참에 친구에게서 전화가 걸려 왔다.

隣のおばあさんは急いで家(いえ)に帰り、事情(じじょう)を説明(せつめい)しておじいさんを山に行かせました。

山に着(つ)いた隣のおじいさんはお堂の中で鬼を待(ま)ちました。しばらくすると、外から歌が聞こえてきました。

ピーヒャラ　ピーヒャラ　ドンドンドン
ピーヒャラ　ピーヒャラ　ドンドンドン
飲めよ　おどれよ　ドンドンドン
今夜は　祭りだ　ドンドンドン

おじいさんがのぞいて見ると、赤や青の鬼たちが歌を歌いながらおどっていました。鬼は体(からだ)が大(おお)きくて、口(くち)には牙(きば)が生(は)えていて、とてもこわそうに見えました。

이웃 할머니는 서둘러 집으로 가 사정을 설명하고 할아버지를 산으로 보냈습니다.

산에 도착한 이웃 할아버지는 사당 안에서 도깨비를 기다렸습니다. 얼마가 지나자 밖에서 노래가 들려왔습니다.

뻴리리 뻴리리 동동동
뻴리리 뻴리리 동동동
마셔라 춤춰라 동동동
오늘 밤은 축제다 동동동

할아버지가 엿보니 빨강과 파랑 도깨비들이 노래를 부르며 춤추고 있었습니다. 도깨비는 몸집이 커다랗고 입에는 엄니가 나 있어 매우 무섭게 보였습니다.

- 事情(じじょう) 사정
- 説明(せつめい) 설명
- 牙(きば) 엄니
- 生(は)える 나나, 자라다

「食べられたらどうしよう…。」

おじいさんはとてもこわくて足(あし)がふるえていました。その時、外で鬼たちが言いました。

「昨日(きのう)のじいさんはまだかな？」

「早く来(こ)ないと夜(よる)が明(あ)けてしまう。もし来(こ)なかったら、村(むら)に行って人間(にんげん)をみんな食べてやる！」

その話を聞いたおじいさんはこわすぎて[8]バタンと音をたてて座(すわ)りこんでしまいました。

「誰だ！」

鬼たちはこわい顔(かお)をしてお堂の中へ入(はい)ってきました。

「あぁ、昨日のじいさんじゃないか。さぁ、一緒におどろう！」

- 夜(よる)が明(あ)ける　날이 새다
- 人間(にんげん)　사람, 인간
- 音(おと)をたてる　소리를 내다
- 座(すわ)りこむ　눌러앉다, 주저앉다, 들어가 앉다
- ～顔(かお)をする　~얼굴(표정)을 하다

“잡아 먹히면 어쩌지….”

할아버지는 너무 무서워서 다리가 떨렸습니다. 그때 밖에서 도깨비들이 말했습니다.

“어제 그 영감은 아직 안 왔어?”

“빨리 오지 않으면 밤이 새 버려. 만약 오지 않으면, 마을로 가서 사람을 모두 먹어 버릴 테다!”

그 이야기를 듣던 할아버지는 너무 무서워서 꽈당 하고 소리를 내며 주저앉아 버렸습니다.

“누구냐!”

도깨비들은 무서운 얼굴을 하고 사당 안으로 들어왔습니다.

“아, 어제 그 영감 아닌가. 자, 함께 춤추자!”

8 ～すぎる 너무 ～하다, ～이 지나치다

[동사 ます형, い형용사 어간, な형용사 어간, 명사＋すぎる](예외 いい→よすぎる)
한도나 정도가 초과했음을 나타낸다.

このキムチは辛(から)すぎて食(た)べられません。
이 김치는 너무 매워서 먹을 수 없습니다.

ピーヒャラ　ピーヒャラ　ドンドンドン

ピーヒャラ　ピーヒャラ　ドンドンドン

飲めよ　おどれよ　ドンドンドン

今夜は　祭りだ　ドンドンドン

鬼たちは楽しそうにおどりましたが、おじいさんはこわくて上手(じょうず)におどれませんでした。

「じいさん、どうした？ もっとおどれ！」

鬼に言われるとおじいさんはもっとこわくなって動(うご)けなくなりました。すると、鬼たちはおそろしい目でおじいさんをにらみつけました。

「せっかくの祭りなのにじいさんのせいで全然(ぜんぜん)楽しくない。もう帰れ！」

빨리리 빨리리 동동동

빨리리 빨리리 동동동

마셔라 춤춰라 동동동

오늘 밤은 축제다 동동동

도깨비들은 즐거운 듯 춤추었습니다만, 할아버지는 무서워서 춤을 잘 출 수 없었습니다.

"영감 왜 그래? 좀 더 추란 말이야!"

도깨비에게 그런 말을 듣자 할아버지는 더욱더 무서워져 움직일 수 없게 되었습니다. 그러자 도깨비들은 매서운 눈초리로 할아버지를 노려보았습니다.

"모처럼의 잔친데 영감 때문에 전혀 즐겁지 않아. 그만 돌아가!"

- 上手(じょうず)だ 능숙하다, 잘하다
- せっかくいのに 모처럼 ~는데
- ~せいで (동사 · い형용사 보통형, な형용사 な, 명사の에 붙어) ~탓으로, ~때문에
- 全然(ぜんぜん) (뒤에 부정하는 말을 동반하여) 전혀, 조금도

おじいさんは今(いま)すぐ帰りたかったですが、こわくて体が動きません。

「じいさんがいると楽しくない。大切な物を返(かえ)してやるから、早く帰れ！」

赤鬼はおじいさんのほおにこぶをペタリとくっ付(つ)けました。すると、どこかで鶏が鳴きました。

「朝だ！ 帰ろう！」

鬼たちはいっしゅんで消(き)えてしまいました。

おじいさんはこぶを取ってもらうつもり[9]が、もう一(ひと)つ付(つ)けられてしまいました。

かわいそうなおじいさんは両方(りょうほう)のほおにこぶを付けたまま泣(な)きながら村へ帰りました。

- ペタリ(と) 철썩, 찍
- くっ付(つ)ける 붙이다, 부착시키다, 달라붙게 하다
- 付(つ)ける 붙이다, 달다
- 両方(りょうほう) 양쪽

할아버지는 지금 당장 돌아가고 싶었습니다만 무서워서 몸이 움직이지 않습니다.

"영감이 있으니 즐겁지 않아. 소중한 것을 돌려줄 테니까 빨리 돌아가!"

빨강 도깨비는 할아버지의 볼에 혹을 철썩 하고 붙였습니다. 그러자 어디선가 닭이 울었습니다.

"아침이다! 돌아가자!"

도깨비들은 한순간에 사라져 버렸습니다.

할아버지는 혹을 떼어 낼 작정이었는데 하나 더 붙여지고 말았습니다.

불쌍한 할아버지는 양쪽 볼에 혹을 붙인 채 울면서 마을로 돌아갔습니다.

---

9 **～つもりだ ～(할) 작정이다, ～(할) 예정이다**

[동사 기본형 · 부정형＋つもりだ]

말하는 사람의 의사 · 의도를 나타낸다.

私(わたし)は二年後(にねんご)に日本(にほん)へ留学(りゅうがく)するつもりだ。

나는 2년 후에 일본에 유학 갈 작정이다.

☑ CHECK UP

지금까지 「こぶとりじいさん」에서 익힌 표현들을 모았습니다.
기억을 상기하면서 풀어보고, 일반회화에서도 응용해 보기 바랍니다.

1 다음 문장에 적당한 말을 아래 ( )에서 골라 써 넣으세요.

じっと	ざあざあ	ぶらぶら	ざわざわ	ごろごろ

❶ 急に強い風がふいて木の枝が(　　　　)ゆれ始めました。

❷ (　　　　)息を殺して、楽しそうにしている鬼たちをのぞいていました。

❸ こぶを(　　　　)させながらいっしょうけんめい木を切りました。

❹ 雷が(　　　　)鳴り始め、大雨が(　　　　)降ってきました。

2 다음 보기와 같이 ( ) 안의 문장을 바꾸어 보세요.

보기　社長(しゃちょう)はいつも１時(じ)に来(く)る。今日(きょう)も１時に(来(き)ます。)
→ 来(く)るはずだ。

❶ 彼(かれ)はアメリカの大学(だいがく)を出(で)ている。英語(えいご)が(できます。)
→ ______

❷ 彼女(かのじょ)はいっしょうけんめい勉強(べんきょう)したので、きっと試験(しけん)に(合格(ごうかく)します。)→ ______
[合格 합격]

❸ 佐藤(さとう)さんは辛(から)い物(もの)が好(す)きだから、きっとキムチも(好きです。)
→ ______

❹ あの食堂(しょくどう)は毎日(まいにち)行列(ぎょうれつ)ができているので、きっと(おいしいです。)
→ ______
[行列 행렬]

3 다음 문장을 우리말로 옮겨 보세요 .

1. 耳をすまして注意深く、外の音を聞きました。

   →

2. おじいさんと鬼たちはすっかり仲よくなって、一緒におどり続けました。

   →

3. 鬼たちはおどりをやめてしんけんな顔で言いました。

   →

4. みんな手をたたいて賛成しました。

   →

5. 切り株に座って、ほおづえをつきました。

   →

4 다음 보기와 같이 (　　) 안의 문장을 바꾸어 보세요.

> 보기　学生はいっしょうけんめい(勉強します) → 勉強しなければなりません。
> がくせい

1. 図書館の本は１週間以内に(返します。) →
   としょかん　ほん　しゅうかん　いない　かえ

2. 食事の前に手を(洗います。) →
   しょくじ　まえ　て　あら

3. 図書館で(静かにします。) →
   としょかん　しず

さるかに合戦(がっせん)

昔々(むかしむかし)のお話(はなし)です。一(いっ)ぴき*のさるが食(た)べ物(もの)を探(さが)しながら山道(やまみち)を歩(ある)いていました。

「何(なに)か食べる物はないかなぁ。朝(あさ)からずっと探しているのに、柿(かき)の種(たね)しか見(み)つからなかった…。」

お腹(なか)が空(す)いたさるは疲(つか)れて道(みち)ばたにある切(き)り株(かぶ)に座(すわ)りました。

- □ さる 원숭이
- □ かに 게
- □ 合戦(かっせん) 전투, 접전, 교전 <본문에서는 다른 말의 뒤에 붙어 탁음이 되었음>
- □ ～ひき(びき・ぴき) 네 발 짐승이나 물고기 등을 세는 말, ~마리
- □ 食べ物(たべもの) 먹을 것, 음식
- □ 探(さが)す 찾다
- □ ずっと 계속, 쭉
- □ 柿(かき) 감
- □ 種(たね) 씨, 종자, 씨앗
- □ ～しか～ない ~밖에 ~않다

옛날 옛적의 이야기입니다. 원숭이 한 마리가 먹을 것을 찾으며 산길을 걷고 있었습니다.

"뭔가 먹을 것이 없을까? 아침부터 계속 찾고 있는데 감 씨밖에 발견하지 못했어…."

배가 고픈 원숭이는 지쳐서 길가에 있는 그루터기에 앉았습니다.

* さんびき 세 마리　よんひき 네 마리　ろっぴき 여섯 마리
はっぴき 여덟 마리　じゅっぴき 열 마리　なんびき 몇 마리

すると、後(うし)ろの方(ほう)から誰(だれ)かがさるにあいさつをしました。

「さるさん、こんにちは。」

さるがふり返(かえ)ると、大(おお)きいおにぎりを持(も)ったかにがにこにこ笑(わら)いながら立(た)っていました。

さるはお腹が空いていたので、かにが持っているおにぎりが食べたくなりました。

「かにさん、おいしそうなおにぎりだね。この柿の種と交換(こうかん)しない？」

さるは柿の種を差(さ)し出(だ)しました。

「さるさん、ごめんね。おにぎりの方(ほう)がおいしそうだから…。」

- 後(うし)ろ　뒤
- あいさつをする　인사를 하다
- ふり返(かえ)る　뒤돌아보다, 회상하다
- おにぎり　주먹밥 =おむすび
- にこにこ　생긋생긋
- ごめん　거절이나 거부를 완곡하게 나타낼 때 쓰는 말, 미안, 죄송

그러자 뒤쪽에서 누군가가 원숭이에게 인사를 했습니다.

"원숭이야, 안녕!"

원숭이가 뒤돌아보니 큰 주먹밥을 든 게가 생긋생긋 웃으며 서 있었습니다.

원숭이는 배가 고팠기 때문에 게가 들고 있는 주먹밥이 먹고 싶어졌습니다.

"게야, 맛있어 보이는 주먹밥이네. 이 감 씨와 교환하지 않을래?"

원숭이는 감 씨를 내밀었습니다.

"원숭이야, 미안해. 주먹밥 쪽이 맛있을 것 같아서…."

さるはおいしそうなおにぎりをあきらめることができません。

「かにさん。赤(あか)くて甘(あま)い柿を食べたことがある？柿の種を植(う)えると毎年(まいとし)おいしい柿がずっと食べられるよ。」

「赤くて甘い柿？何(なん)だかおいしそうだな…。よし、さるさん交換しよう！」

さるはバカなかにだなと思(おも)いながら、交換したおにぎりをすぐ食べてしまいました。

一方(いっぽう)、かには急(いそ)いで家(うち)へ帰(かえ)りました。

- あきらめる　포기하다, 체념하다, 단념하다
- 甘(あま)い　달다
- 種(たね)を植(う)える　씨를 심다
- 毎年(まいとし)　매년
- 何(なん)だか　왠지, 어쩐지
- バカ　바보, 멍청이

원숭이는 맛있어 보이는 주먹밥을 포기할 수가 없습니다.
"게야. 빨갛고 달콤한 감을 먹어본 적이 있니? 감 씨를 심으면 매년 맛있는 감을 계속 먹을 수 있어."
"빨갛고 달콤한 감? 왠지 맛있을 것 같은걸…. 그래, 원숭이야, 교환하자!"
원숭이는 바보 같은 게라고 생각하며 교환한 주먹밥을 얼른 먹어 버렸습니다.
한편 게는 서둘러 집으로 돌아갔습니다.

そして、庭に柿の種を植え、水をやりながら歌いました。

「早く芽を出せ、柿の種。

ゆっくりしてるとハサミで切っちゃうぞ！

チョッキン。チョッキン。チョッキンキン。」

切られては大変だと思った柿の種は急いでかわいい芽を出しました。

「早くおいしい柿が食べたいな。」

かには次の日も庭に出て、ハサミをチョキチョキさせながら、また歌いました。

「早く木になれ、大きい木になれ。ゆっくりしてるとハサミで切っちゃうぞ！ チョッキン。チョッキン。チョッキンキン。」

本当に切られると思った柿の芽は急いで木になりました。

그리고 마당에 감 씨를 심고 물을 주면서 노래를 불렀습니다.

"빨리 싹을 틔워라, 감 씨야. 천천히 자라면 집게발로 잘라 버릴 거야! 싹둑. 싹둑. 싹둑둑."

잘리면 큰일이라 생각한 감 씨는 서둘러 귀여운 싹을 틔웠습니다.

"빨리 맛있는 감이 먹고 싶구나."

게는 다음 날에도 마당에 나와 집게발을 싹둑싹둑거리며 또 노래 불렀습니다.

"빨리 나무가 되어라, 큰 나무가 되어라. 천천히 자라면 집게발로 잘라 버릴 거야! 싹둑. 싹둑. 싹둑둑."

정말로 잘린다고 여긴 감의 싹은 서둘러 나무가 되었습니다.

- 芽(め) 싹 〈芽を出(だ)す 싹을 내다〉
- ～てる ～(하)고 있다 =ている
- ハサミ (게 · 새우 등의) 집게발
- ～ちゃう ～해 버리다 〈～てしまう의 줄임말〉
- チョッキンチョッキン 가위로 물건을 지르는 소리, 삭둑삭둑, 싹둑싹둑 〈チョキチョキ를 힘주어 말한 것〉

かには毎日(まいにち)歌いながら水をやりましたから、木はぐんぐんのびてやがて赤い実(み)をつけました。

「わぁ、おいしそうな実がたくさんなった。」

かには喜(よろこ)んで柿の実を取(と)ろうとしましたが、つるつるすべるばかりで[1]木に登(のぼ)ることができません。

かにが困(こま)っていると、ちょうどさるが遊(あそ)びにきました。おいしそうな柿を見(み)ると、さるはまたお腹が空いてきました。

「かにさん、柿を取ってあげるから、後(あと)で僕(ぼく)にも少(すこ)し分(わ)けてくれない？」

- やがて　이윽고, 머지않아, 얼마 안 있어
- 実(み)をつける　열매를 맺다
- なる　(열매를) 맺다
- つるつる　반들반들, 매끌매끌
- すべる　미끄러지다
- 後(あと)で　나중에, 후에
- 僕(ぼく)　나 〈남자들이 동년배나 손아랫사람에게 쓰는 말로 おれ보다는 정중함〉

게는 매일 노래 부르며 물을 주었기 때문에 감나무는 쑥쑥 자라 마침내 빨간 열매를 맺었습니다.

"와~, 맛있을 것 같은 열매가 많이 열렸네."

게는 기뻐하며 감을 따려고 했습니다만, 미끌미끌 미끄러지기만 할 뿐, 나무에 오를 수가 없습니다.

게가 난처해 하고 있을 때 마침 원숭이가 놀러 왔습니다. 맛있어 보이는 감을 보자 원숭이는 또 배가 고파 왔습니다.

"게야, 감을 따 줄테니 나중에 나한테도 조금 나눠 주지 않을래?"

---

1 **~ばかりだ ~만 한다** [동사 기본형+ばかりだ]

어떤 상황이 한 방향으로만 진행되고 있음을 뜻한다. 주로 좋지 않은 일에 쓴다.

息子(むすこ)は勉強(べんきょう)はしないで、毎日(まいにち)遊(あそ)ぶばかりです。아들은 공부는 하지 않고 매일 놀기만 합니다

優(やさ)しいかにはさるにも柿を分けてあげることにしました[2]。するとさるはスルスルと木に登りました。

「本当においしそうだな。かににやるのはもったいない。全部(ぜんぶ)食べてしまおう。」

さるはむしゃむしゃと柿を食べ始(はじ)めました。

かには木の下(した)で待(ま)っていましたが、さるはなかなか降(お)りてきません。

「さるさん、早く降りてきてよ！ さるさん！」

かには何度(なんど)もさるを呼(よ)びました。

- スルスル　주르르, 스르르, 술술, 척척
- もったいない　아깝다, 과분하다
- むしゃむしゃ　입을 크게 벌리고 체면 없이 먹는 모양, 우적우적
- 降(お)りる　내리다, 내려오다

마음씨 고운 게는 원숭이에게도 감을 나누어 주기로 했습니다. 그러자 원숭이는 척척 나무에 올랐습니다.

"정말 맛있을 것 같네. 게한테 주기에는 아까워. 전부 먹어 버려야지."

원숭이는 우적우적 감을 먹기 시작했습니다.

게는 나무 밑에서 기다리고 있었습니다만, 원숭이는 좀처럼 내려오지 않습니다.

"원숭이야, 빨리 내려와! 원숭이야!"

게는 몇 번이나 원숭이를 불렀습니다.

---

2 ~ことにする ~기로 하다 [동사 기본형, 부정형+ことにする]

다른 사람에 의해서가 아닌 자신의 의지로 결정했다는 것을 나타낸다.

勉強(べんきょう)のじゃまになるのでテレビは見(み)ないことにする。
공부에 방해가 되므로 텔레비전은 보지 않기로 하다.

「うるさいかにだな。よし、この青(あお)い柿でも投(な)げてやろう。えいっ！」

さるが投げた柿はかにの甲羅(こうら)に当(あ)たり、かわいそうなかには死(し)んでしまいました。それを見たさるは大変だと思って山(やま)へ逃(に)げてしまいました。

さるがいなくなると、死んだかにのお腹から何(なん)びきもの子(こ)がにが泣(な)きながらはいでてきました。

「おかあさんが死んじゃった。悪(わる)いさるに殺(ころ)された！」

かわいそうな子がにたちの泣(な)き声(ごえ)を聞(き)いて、はちが飛(と)んできました。

- 投(な)げる　던지다
- えいっ　힘이나 기합을 넣거나 불만을 나타낼 때 내는 소리, 야앗, 에이
- 甲羅(こうら)　등딱지
- 当(あ)たる　맞다, 명중하다, 적중하다
- 子(こ)がに　새끼 게
- はいでる　기어 나오다
- 悪(わる)い　나쁘다, 잘못하다, 미안하다
- 泣(な)き声(ごえ)　울음소리
- はち　벌(곤충)

"시끄러운 게구나. 좋아, 이 덜 익은 감이라도 던져 주자. 에잇!"

원숭이가 던진 감은 게의 등딱지에 맞아, 불쌍한 게는 죽고 말았습니다. 그것을 본 원숭이는 큰일이라 여겨 산으로 도망쳐 버렸습니다.

원숭이가 사라지자 죽은 게의 배에서 몇 마리나 되는 새끼 게가 울면서 기어 나왔습니다.

"어머니가 죽어 버렸어. 나쁜 원숭이가 죽였어!"

불쌍한 새끼 게들의 울음소리를 듣고 벌이 날아왔습니다.

子がにたちに事情(じじょう)を聞いたはちはかんかんに怒(おこ)りました。

「さるのやつ、そんな悪(わる)いことをするなんて許(ゆる)せない。よし、こらしめてやろう！」

はちは山のあちこちを飛び回(まわ)ってかにとさるの話(はなし)をしました。

「みんなで悪いさるをこらしめてやろう！ 今(いま)からかたきを討(う)ちに行(い)くから、かにさんの家(うち)に集(あつ)まってくれ！」

この話を聞いて、臼(うす)と栗(くり)と木のつたがやって来(き)ました。

- やつ　사람 · 사물을 막되게 부르는 말, 놈, 녀석, 자식
- ～なんて　~하다니
- こらしめる　징계하다, 따끔한 맛을 뵈다, 벌주다, 혼내주다
- あちこち　여기저기
- かたきを討(う)つ　원수를 갚다
- 集(あつ)まる　모이다
- 栗(くり)　밤
- つた　담쟁이덩굴 〈木のつた 나무덩굴〉

새끼 게들에게 사정을 들은 벌은 불같이 화를 냈습니다.

"원숭이 녀석, 그런 나쁜 짓을 하다니 용서할 수 없어. 좋아, 따끔한 맛을 보여줄 테다!"

벌은 산 여기저기를 날아다니며 게와 원숭이의 이야기를 했습니다.

"모두 나쁜 원숭이를 혼내주자! 지금부터 원수를 갚으러 갈 테니까 게의 집으로 모여 줘!"

이 이야기를 듣고 절구와 밤과 나무덩굴이 찾아왔습니다.

「力を合わせてがんばろう。さぁ、出発だ！」

みんなはさるの家に向かいました。

さるの家に着くとはちがブーンと飛んで窓から中の様子をうかがい言いました。

「みんな、さるはまだ帰ってないぞ。さあ、作戦開始だ！」

この声を合図に栗は囲炉裏の灰の中に、臼は屋根の上に、木のつたは戸の後ろに、子がにたちは土間の水がめの中に、はちは窓の後ろにかくれました。

しばらく待つと、さるが家に帰ってきました。

- 出発(しゅっぱつ) 출발
- 向(む)かう 향하다, 마주 대하다
- 窓(まど) 창, 창문
- 様子(ようす) 모양, 모습, 상황, 형편
- うかがう 안을 들여다보다, 엿보다, 살피다
- 作戦(さくせん) 작전
- 開始(かいし) 개시, 시작
- 合図(あいず) 신호
- 屋根(やね) 지붕
- 土間(どま) 집 내부 바닥에 마루를 깔거나 하지 않고 흙바닥 그대로 둔 곳

- 水(みず)がめ 물독;물을 담아 두는 독

"힘을 합쳐 노력하자. 자, 출발이다!"

모두는 원숭이의 집으로 향했습니다.

원숭이의 집에 도착하자 벌이 붕~ 하고 날아 창문으로 안의 상황을 살피고 말했습니다.

"모두들, 원숭이는 아직 돌아오지 않았어. 자, 작전 개시다!"

이 소리를 신호로, 밤은 난로 잿속에, 절구는 지붕 위에, 나무덩굴은 문 뒤에, 새끼 게들은 봉당의 물독 안에, 벌은 창문 뒤에 숨었습니다.

얼마 동안 기다리자 원숭이가 집으로 돌아왔습니다.

「今日はバカなかにのおかげでお腹がいっぱいになったな。本当においしい柿だった。」

何(なに)も知(し)らないさるは囲炉裏に火(ひ)をくべました。すると、その中にいた栗がパチンと飛び上(あ)がってさるの目(め)に灰を投(な)げました。

「痛(いた)い、痛い。灰が目に入(はい)って何(なに)も見(み)えないよ。」

さるは目を押(おさ)えて立(た)ち上がりました。するとはちがブーンと飛んできて、さるの真(ま)っ赤(か)なお尻(しり)にぶすっと針(はり)をさしました。

「痛い、痛い。お尻が痛いよ。」

さるは右手(みぎて)で目を、左手(ひだりて)でお尻を押えながら、戸(と)の方(ほう)へ逃げました。

- 火(ひ)をくべる 불을 지피다
- パチン 작고 단단한 것이 부딪쳐서 내는 소리, 탁, 딱
- 飛(と)び上(あ)がる 뛰어오르다
- 押(おさ)える 누르다, 가리다
- 真(ま)っ赤(か)だ 새빨갛다
- (お)尻(しり) 엉덩이
- ぶすっと 부드러운 것을 세게 찌르는 모양, 푹, 쿡
- 針(はり) 바늘, (벌 등의) 침, 가시
- さす(刺す) 찌르다
- 右手(みぎて) 오른손 〈左手(ひだりて) 왼손, 片手(かたて) 한쪽 손〉

"오늘은 멍청한 게 덕분에 배가 가득 찼어. 정말로 맛있는 감이었어."

아무것도 모르는 원숭이는 난로에 불을 지폈습니다. 그러자, 그 안에 있던 밤이 딱 하고 날아올라 원숭이의 눈에 재를 던졌습니다.

"아야, 아야. 재가 눈에 들어와서 아무것도 안 보여."

원숭이가 눈을 누르며 일어섰습니다. 그러자 벌이 붕~ 하고 날아와 원숭이의 새빨간 엉덩이에 푹 하고 침을 찔렀습니다.

"아야, 아야. 엉덩이가 아파."

원숭이는 오른손으로 눈을, 왼손으로 엉덩이를 누르면서 문 쪽으로 도망쳤습니다.

その時(とき)、木のつたがスルスルとのびてさるの足(あし)を引(ひ)っかけました。さるは戸口(とぐち)でバタンとこけてしまいました。

「痛いよ、痛いよ。」

さるは立ち上がることもできずに、その場(ば)で泣きだしてしまいました。しかし、みんなはさるを許しません。水がめの中にいた子がにたちは、

「おかあさんのかたきだ！」

と言(い)って小(ち)いさいハサミでさるの全身(ぜんしん)をつねりました。

「ギャー、やめてくれ！ おれは悪くない！ バカなかにが悪いんだ！」

- 引(ひ)っかける　걸다
- バタン　심하게 넘어지는 소리, 쿵, 쾅당
- こける　넘어지다, 쓰러지다, 나동그라지다
- 場(ば)　자리, 장면, 상황
- 全身(ぜんしん)　온몸, 전신
- つねる　꼬집다

그때, 나무덩굴이 스르르 뻗어와 원숭이의 다리를 걸었습니다. 원숭이는 입구에서 콰당 하고 나동그라지고 말았습니다.

"아야, 아야."

원숭이는 일어서지도 못하고 그 자리에서 울기 시작하고 말았습니다. 그러나 모두 원숭이를 용서하지 않습니다. 물독 안에 있던 새끼 게들은,

"엄마의 원수다!"

라고 말하며 작은 집게발로 원숭이의 온몸을 꼬집었습니다.

"으악~, 그만둬! 나는 잘못하지 않았어! 멍청한 게가 잘못한 거야!"

この声を聞いて臼はかんかんに怒りました。

「悪いことをしたのに反省しない。さるめ、もう許さないぞ！」

臼は屋根の上からさるの体にえいっと飛び降りました。

「ギャー！」

最後まで反省しなかったさるは重い臼に圧されて死んでしまいました。

- 反省(はんせい)する　반성하다
- ～め　~놈, ~녀석 〈남을 욕하거나 경멸하는 뜻을 나타냄〉
- もう　정말 〈감정이나 감동이 고조되었을 때 내는 말〉
- 飛(と)び降(お)りる　뛰어내리다
- 圧(お)す　누르다, 내리누르다

이 소리를 들은 절구는 불같이 화냈습니다.

"나쁜 짓을 하고서도 반성하지 않는군. 원숭이 녀석, 정말 용서하지 않을 테다!"

절구는 지붕 위에서 원숭이의 몸에 얏 하고 뛰어내렸습니다.

"으익~!"

마지막까지 반성하지 않았던 원숭이는 무거운 절구에 눌려 죽고 말았습니다.

☑ CHECK UP

지금까지「さるかに合戦」에서 익힌 표현들을 모았습니다.
기억을 상기하면서 풀어보시고, 일반회화에서도 응용해 보시기 바랍니다.

1 다음 문장을 우리말로 옮겨 보세요.

❶ かには何度もさるを呼びました。

→ ____________________

❷ 何も知らないさるは囲炉裏に火をくべました。

→ ____________________

❸ さるは目を押えて立ち上がりました。

→ ____________________

2 [ ] 안의 말을 적당한 형태로 바꾸어 써 넣으세요.

❶ さるはおいしそうなおにぎりを(　　　　　　　)ことができません。[あきらめます]

❷ つるつる(　　　　　　　)ばかりで木に登ることができません。[すべります]

❸ 優しいかにはさるにも柿を(　　　　　　　)ことにしました。[分けてあげます]

3 다음 문장에 적당한 말을 아래 ( )에서 골라 써 넣으세요.

しか　なかなか　かんかん　にこにこ　むしゃむしゃ

1. 朝からずっと探しているのに、柿の種(　　　　　)見つからなかった。
2. さるは(　　　　　)と柿を食べ始めました。
3. かには木の下で待っていましたが、さるは(　　　　　)降りてきません。
4. かにが(　　　　　)笑いながら立っていました。
5. 事情を聞いたはちは(　　　　　)に怒りました。

4 누가 어떻게 원숭이를 혼내주었는지 서로 맞는 것끼리 골라 선으로 연결하세요.

1. はち •　　• ⓐ さるの足を引っかけました。
2. 臼 •　　• ⓑ さるの真っ赤なお尻にぶすっと針をさしました。
3. 栗 •　　• ⓒ パチンと飛び上がってさるの目に灰を投げました。
4. 木のつた •　　• ⓓ 屋根の上からさるの体にえいっと飛び降りました。

CHECK UP 해답

해답 및 번역도 함께 실었습니다.

わらしべ長者

1 ❶ みかん → ❷ 反物 → ❸馬 → ❹ 屋敷と田んぼ

2 보기 | 일요일에는 청소를 하거나 비디오를 보거나 합니다.

❶ 夏休みに日本語の勉強をしたり、旅行に行ったりします。

| 여름방학에 일본어 공부를 하거나 여행을 가거나 합니다.

❷ パーティーでダンスをしたり、お酒を飲んだりします。

| 파티에서 댄스를 추거나 술을 마시거나 합니다.

❸ 毎晩テレビをみたり、本を読んだりします。

| 매일 밤 텔레비전을 보거나 책을 읽거나 합니다.

3 ❶ 몇 번이나 쫓아도 등에는 좀처럼 날아가지 않습니다.

❷ 모르는 사이에 볏짚 한 가닥을 쥐고 있었습니다.

❸ 이것은 도와 주신 답례입니다.

❹ 멋진 옷을 입은 남자가 말을 걸어왔습니다.

4 ❶ ばたり | 말이 쿵 하고 쓰러지더니 죽어 버렸습니다.

❷ ブンブン | 등에가 날아와 얼굴 주위를 붕붕거리며 날아다녔습니다.

❸ ぱちぱち | 말이 눈을 깜박깜박거리면서 일어섰습니다.

花さかじいさん

1 ❶ ぺろぺろ | 강아지는 배가 고픈 듯 할머니의 손가락을 할짝할짝 핥았습니다.

❷ ざくざく | 땅속에서 엽전이 엄청나게 나왔습니다.

❸ ペッタン | 할아버지는 다시 한번 철썩 하고 떡을 쳐 보았습니다.

2 ❶ ○ | 마음씨 고운 할아버지는 강아지에게 포치라고 이름을 붙였습니다.

❷ ○ | 욕심쟁이 할아버지는 싫어하는 포치를 억지로 끌고 밭으로 갔습니다.

❸ × | 욕심쟁이 할머니는 포치를 그리며 절굿공이를 내리쳤습니다.

❹ × | 군주님은 욕심쟁이 할아버지에게 많은 상을 내렸습니다.

3 보기 | 개를 기른 적이 있다.

❶ 日本料理を食べたことがある。 | 일본요리를 먹어 본 적이 있다.

❷ 私は芸能人を見たことがある。 | 나는 연예인을 본 적이 있다.

❸ 5年前にアメリカに行ったことがある。 | 5년 전에 미국에 간 적이 있다.

4 ❶ 포치의 무덤을 만들고 작은 나무를 한 그루 심었습니다.

❷ 갑자기 바람이 세게 불어 재가 날아 흩어졌습니다.

❸ 일본에서 제일 아름다운 꽃을 보여드리겠습니다.

つるの恩返し

1 ❶ トントン | 똑똑 하고 문을 두드리는 소리가 났습니다.

❷ きらきら | 아가씨가 내민 옷감은 반짝반짝 빛나고, 지금까지 본 적이 없는 아름다움이었습니다.

❸ そっと | 할머니는 오두막 문에 살짝 눈을 가까이 대었습니다.

2 ❶ 하룻밤 묵게 해 주시지 않겠어요?

❷ 끼~ 끼~ 하고 슬픈 듯이 우는 소리가 들려왔습니다.

❸ 아무것도 먹지 않고 옷감을 짜고 있는 아가씨가 걱정되어 왔습니다.

❹ 들여다보지 말아달라고 그렇게 부탁드렸는데….

3 ❶ 韓国語を勉強するために、韓国へ来ました。

| 한국어를 공부하기 위해 한국에 왔습니다.

❷ 日本に留学するために、いっしょうけんめい勉強します。

| 일본에 유학 가기 위해 열심히 공부합니다.

❸ 健康のために、毎朝走ります。 | 건강을 위해 매일 아침 달립니다.

4 보기 | 시험을 칠 때에는 커닝을 하지 말아주세요.

❶ ここに車をとめないでください。 | 여기에 차를 세우지 말아 주세요.

❷ 戸をたたかないでください。 | 문을 두드리지 말아주세요.

❸ あした来ないでください。 | 내일 오지 말아주세요.

❹ 時間に遅れないでください。 | 시간에 늦지 말아주세요.

おむすびころころ

1

❶ ころころ | 주먹밥이 떨어져 산길을 대굴대굴 구르기 시작했습니다.

❷ すっぽり | 할아버지가 어둡고 조용한 구멍 안에 머리를 쑥 넣었을 때입니다.

❸ チューチュー | 쥐들은 찍찍 하면서 할아버지의 손이랑 다리에 달려들어 물었습니다.

❹ ニャーニャー | 욕심쟁이 할아버지는 야옹야옹 하고 고양이 우는 흉내를 내었습니다.

❺ なかなか | 열심히 뒤쫓아갔습니다만, 좀처럼 따라잡을 수 없습니다.

❻ どんどん | 주먹밥은 계속 굴러 나무 밑동에 있는 구멍으로 들어가 버렸습니다.

2 手ぬぐい, わらじ

3

❶ 구멍에 넣을 것이 이제 아무것도 없습니다.

❷ 할아버지는 한번 더 듣고 싶어 구멍에 손수건을 넣어 보았습니다.

❸ 자기도 보석을 갖고 싶어 산으로 갔습니다.

❹ 구멍 속에서 갑자기 귀여운 노래가 들려왔습니다.

❺ "고양이다!" 라고 외치며 일제히 도망쳐 버렸습니다.

4

❶ ○ | 할아버지가 도시락 꾸러미를 펼치자 주먹밥이 떨어졌습니다.

❷ × | 주먹밥이 떨어진 구멍 속에서 고양이 울음 소리 흉내가 들려왔습니다.

❸ ○ | 마음씨 고운 할아버지는 어려운 사람에게 보석을 나눠 주었습니다.

❹ × | 이웃의 할아버지는 구멍에 손수건과 짚신을 넣었습니다.

こぶとりじいさん

1

❶ ざわざわ | 갑자기 센 바람이 불어 나뭇가지가 와삭와삭 흔들리기 시작했습니다.

❷ じっと | 지긋이 숨을 죽이고 즐거운 듯 놀고 있는 도깨비들을 엿보고 있었습니다.

❸ ぶらぶら | 혹을 흔들흔들거리면서 열심히 나무를 베었습니다.

❹ ごろごろ, ざあざあ

| 천둥이 우르르 쾅 하고 울리기 시작하고, 큰비가 좍좍 내렸습니다.

2 보기 | 사장님은 언제나 1시에 온다. 오늘도 틀림없이 1시에 올 것이다.

❶ できるはずだ。 | 그는 미국 대학을 나왔다. 틀림없이 영어를 할 수 있을 것이다.

❷ 合格するはずだ。 | 그녀는 열심히 공부했기 때문에 틀림없이 시험에 합격할 것이다.

❸ 好きなはずだ | 사토 씨는 매운 것을 좋아하니까 틀림없이 김치도 좋아할 것이다.

❹ おいしいはずだ。 | 저 식당은 매일 줄지어 늘어서니까 틀림없이 맛있을 것이다.

3 ❶ 귀를 기울여 주의 깊게 밖의 소리를 들었습니다.
❷ 할아버지와 도깨비들은 너무나 사이가 좋아져 함께 계속 춤추었습니다.
❸ 도깨비들은 춤을 멈추고 심각한 얼굴로 말했습니다.
❹ 모두 손뼉을 치며 찬성했습니다.
❺ 그루터기에 앉아 턱을 괴었습니다.

4 ❶ 返さなければなりません。 | 도서관의 책은 1주일 이내에 반납해야 합니다.
❷ 洗わなければなりません。 | 식사 전에 손을 씻어야 합니다
❸ 静かにしなければなりません。 | 도서관에서 조용히 해야 합니다.

さるかに合戦

1 ❶ 게는 몇 번이나 원숭이를 불렀습니다.
❷ 아무것도 모르는 원숭이는 난로에 불을 지폈습니다.
❸ 원숭이가 눈을 누르며 일어섰습니다.

2 ❶ あきらめる | 원숭이는 맛있어 보이는 주먹밥을 포기할 수가 없습니다.
❷ すべる | 미끌미끌 미끄러지기만 할 뿐, 나무에 오를 수가 없습니다.
❸ 分けてあげる | 마음씨 고운 게는 원숭이에게도 감을 나누어 주기로 했습니다.

3 ❶ しか | 아침부터 계속 찾고 있는데 감 씨밖에 발견하지 못했어.
❷ むしゃむしゃ | 원숭이는 우적우적 감을 먹기 시작했습니다.
❸ なかなか
| 게는 나무 밑에서 기다리고 있었습니다만, 원숭이는 좀처럼 내려오지 않습니다.
❹ にこにこ | 게가 생긋생긋 웃으며 서 있었습니다.
❺ かんかん | 사정을 들은 벌은 불같이 화를 냈습니다.

4

❶ 벌	ⓐ 원숭이의 다리를 걸었습니다.
❷ 절구	ⓑ 원숭이의 새빨간 엉덩이에 푹 하고 침을 찔렀습니다.
❸ 밤	ⓒ 딱 하고 날아올라 원숭이의 눈에 재를 던졌습니다.
❹ 나무덩굴	ⓓ 지붕 위에서 원숭이의 몸에 얏 하고 뛰어내렸습니다.

(❶–ⓑ, ❷–ⓓ, ❸–ⓒ, ❹–ⓐ)

다락원 일한 대역문고 – 초급6
일본 전래동화
日本のおとぎばなし

지은이 新井奈美
펴낸이 정규도
펴낸곳 (주)다락원

초판 1쇄 발행 2007년 12월 26일
초판 6쇄 발행 2022년 2월 18일

책임편집 이경숙, 김윤희
디자인 이수민
일러스트 손창복

경기도 파주시 문발로 211
Tel: (02)736-2031 Fax: (02)732-2037
(내용문의: 내선 460~465 / 구입문의: 내선 250~252)
출판등록 1977년 9월 16일 제406-2008-000007호

가격 12,000원(교재+오디오CD 1장)

ISBN 978-89-5995-361-5 18730 978-89-5995-296-0(set)

www.darakwon.co.kr
다락원 홈페이지를 통해 인터넷 주문을 하시면 자세한 어학 정보와 함께 다양한 혜택을 받으실 수 있습니다.